GOTTLOB FREGE

Logische Untersuchungen

Herausgegeben und eingeleitet

von

Günther Patzig

3., durchgesehene und bibliographisch
ergänzte Auflage

V&R

VANDENHOECK & RUPRECHT
IN GÖTTINGEN

Friedrich Ludwig Gottlob Frege

geb. am 8. 11. 1848 in Wismar, gestorben am 26. 7. 1925 in Bad Kleinen. Mathematiker und Philosoph. Promotion in Mathematik 1873 zu Göttingen, Habilitation 1874 in Jena. 1879 Titularprofessor, 1896 o. Honorarprofessor zu Jena. 1918 emeritiert. Frege ist unter den Begründern der neuen (mathematischen) Form der Logik der Bedeutendste; seine Arbeiten haben großen Einfluß auf die heutige „analytische" Philosophie.

Günther Patzig

geb. 1926 in Kiel. Studium (Klassische Philologie und Philosophie) 1945—51 in Göttingen und Hamburg. 1958 Habilitation in Göttingen, 1960 a. o., 1962 o. Professor der Philosophie in Hamburg, seit 1963 in Göttingen. Arbeiten bes. zur antiken Philosophie, zur Logik, Sprachphilosophie und Ethik.

CIP-Kurztitelaufnahme der Deutschen Bibliothek

Frege, Gottlob :
Logische Untersuchungen / Gottlob Frege.
Hrsg. u. eingeleitet von Günther Patzig. —
3., durchges. u. bibliograph. erg. Aufl. —
Göttingen : Vandenhoeck und Ruprecht, 1986.

(Kleine Vandenhoeck-Reihe ; 1219)

ISBN 3-525-33518-0

NE: GT

3., durchgesehene und bibliographisch ergänzte Auflage 1986

Kleine Vandenhoeck Reihe 1219

INHALT

VORWORT ZUR 2. AUFLAGE

Wie im Falle des Parallelbandes „Gottlob Frege: Funktion, Begriff, Bedeutung" (Kleine Vandenhoeck-Reihe, Band 1144, 4. Auflage 1975) ist die Neuauflage auch des vorliegenden Bandes, über die Korrektur von Druckfehlern und Versehen hinaus, dazu benutzt worden, seine Brauchbarkeit als Studien- und Seminartext noch zu verbessern.

Anstelle der ursprünglich auf die beiden Bändchen verteilten allgemeinen Frege-Bibliographie tritt nun eine Zusammenstellung ausgewählter Literatur (allgemeine Frege-Darstellungen sowie Spezialliteratur zu den Themen, die Frege in den hier vorgelegten Aufsätzen behandelt). Eine umfassende Frege-Bibliographie (bis 1971) ist in dem von G. Gabriel herausgegebenen Nachlaßband: *G. Frege*, Schriften zur Logik und Sprachphilosophie, Hamburg 1971, bequem zugänglich.

Neu hinzugefügt wurde ein Verzeichnis von sachlichen Parallelstellen in Freges übrigen Schriften (einschließlich des veröffentlichten Nachlasses) sowie ein Personen- und Sachregister zu den Frege-Texten dieses Bandes. Die Zusammenstellung von Bibliographie und Register besorgte Herr *P. Schröder*, M. A., dem ich für seine Mitarbeit herzlich danke. Für die Beseitigung von Druckfehlern waren zahlreiche Hinweise von Herrn Dr. *G. Buhl* (Bonn) besonders wertvoll.

Göttingen, Januar 1976   Günther Patzig

EINLEITUNG

I. Philologisch-Historisches

1. Den Kern der hier vorgelegten zweiten Sammlung von Arbeiten Freges bilden die drei Aufsätze: *Der Gedanke, Die Verneinung* und *Gedankengefüge*, die in den Heften I, 2 (1918) I, 3/4 (1919) und III, 1 (1923) der Zeitschrift „Beiträge zur Philosophie des Deutschen Idealismus" erschienen sind[1]. Die drei Aufsätze hängen inhaltlich zusammen. Das hat Frege selbst angedeutet, indem er dem Titel des dritten Aufsatzes „Gedankengefüge" den Obertitel „Logische Untersuchungen: Dritter Teil" voranstellte und in einer Fußnote die beiden vorangegangenen Abhandlungen als deren „ersten" bzw. „zweiten Teil" bezeichnete. Es liegt nahe, diese drei Aufsätze als einleitende Abschnitte einer Gesamtdarstellung der Logik aufzufassen. Diese Vermutung, die schon durch den Inhalt der drei hier vorgelegten Arbeiten rege gemacht wird, erfährt eine wirksame Bestätigung durch die Tat-

---

[1] Die „Beiträge zur Philosophie des deutschen Idealismus" erschienen von 1918—1927 in vier Bänden von insgesamt 14 Heften als Organ der „Deutschen Philosophischen Gesellschaft". Ziel dieser Gesellschaft war die „Pflege, Vertiefung und Wahrung deutscher Eigenart auf dem Gebiete der Philosophie im Sinne des von Kant begründeten und von Fichte weitergeführten deutschen Idealismus". Der Inhalt der Bände zeigt, daß der Einfluß Fichtes den Kants und daß das Deutsche den Idealismus stark überwog. So hieß denn auch die an Stelle der eingegangenen „Beiträge" 1927 von der „Deutschen Gesellschaft" begründete Folgezeitschrift nicht „Deutsche Blätter für Philosophie", sondern „Blätter für deutsche Philosophie"; im Vorwort ist schon von „artgemäßer Besinnung" die Rede. In den „Beiträgen" wie in den „Blättern" sind freilich auch einzelne vortreffliche Aufsätze erschienen; in den „Beiträgen" außer denen Freges solche von *N. Hartmann, H. Heimsoeth, A. Mally, H. Pichler* u. a.; aber sie sind sehr in der Minderzahl gegenüber weltanschaulichem Bombast und auf die politische Situation unklar bezogen, bloß emotionalen Appellen an vergangene nationale Größe. So wirken die Aufsätze Freges in ihrer strengen Sachlichkeit fremd in dieser Umgebung. Ob Frege sie in den „Beiträgen" erscheinen ließ, weil Jena und einige seiner dortigen Kollegen, bes. *B. Bauch* und *F. Münch,* mit der Zeitschrift eng verbunden waren, oder weil er mit der Tendenz der Zeitschrift übereinstimmte, wissen wir nicht. Es geht aus Dokumenten des Nachlasses hervor, daß Freges politische Einstellung konservativ war.

sache, daß in Freges Nachlaß das Fragment eines anschließenden vierten Stücks gefunden wurde, dessen Thema die logische Allgemeinheit („Alle . . . sind", „Einige . . . sind") bildet. Dies Fragment beginnt mit den Sätzen:

> „In dieser Zeitschrift habe ich einen Aufsatz über *Gedankengefüge* veröffentlicht, in dem auch die hypothetischen Gedankengefüge eine Stelle gefunden haben. Es liegt nahe, von diesen aus einen Übergang zu dem zu suchen, was in der Physik, in der Mathematik und in der Logik *Gesetz* genannt wird . . ."

Offenbar handelt es sich um einen für die Veröffentlichung in den „Beiträgen" bestimmten vierten Teil der „Logischen Untersuchungen". Leider bricht das Fragment schon nach 5 Schreibmaschinenseiten ab[2]. Läge auch dieser, die logische Allgemeinheit behandelnde, Teil vollständig vor, so hätten wir in den „Logischen Untersuchungen" eine zusammenhängende Darstellung der Elemente der Logik aus Freges Feder.

Der Ausdruck „Elemente der Logik" soll hier folgendes Wohlbestimmte bedeuten: In Freges „Begriffsschrift"[3] werden zum Aufbau der Logik folgende Zeichen eingeführt: der Urteilsstrich, der Inhaltsstrich (später bloß „der Waagerechte" genannt), der Verneinungsstrich, der Bedingungsstrich sowie das Zeichen für logische Allgemeinheit (Höhlung des Inhaltsstrichs und deutsche Buchstaben in der Höhlung). Mit diesen Ausdrucksmitteln ist Frege imstande, jede logisch relevante Satzform durch stufenweisen Aufbau aus den Grundzeichen darzustellen. Dementsprechend behandelt Frege in „Der Gedanke" den Bereich der Logik, der mit der Verwendung von Urteilsstrich und Inhaltsstrich und der Notwendigkeit ihrer Unterscheidung zusammenhängt. „Die Verneinung" begründet eine Theorie der Negation, die Freges Verwendung des Verneinungsstrichs in seiner formalen Darstellung der Logik zugrunde liegt. Schließlich werden in „Gedankengefüge" solche Formen von Sätzen systematisch vorgeführt, die, begriffsschriftlich, mit Hilfe des Bedin-

---

[2] Von der Existenz dieses Fragments weiß man seit der Notiz von *M. Dummett*, „Frege's 'The Thought'", Mind 66 (1957) S. 548. Die Mitteilungen über den Inhalt des Fragments verdanke ich Herrn Dr. *F. Kambartel* (Münster). (Zusatz 2. Aufl.: Das Fragment ist inzwischen veröffentlicht in: G. Frege, Nachgelassene Schriften, Bd. I, hrsg. von H. Hermes, F. Kambartel und F. Kaulbach, Hamburg 1969, S. 278-281.)'
[3] Hierzu vgl. G. Frege „Begriffsschrift", Halle a. S. 1879, Neudruck hrsg. v. *I. Angelelli*, Darmstadt und Hildesheim, 1964, §§ 2, 5, 7, 11f. und „Funktion und Begriff" in „Funktion, Begriff, Bedeutung" Kleine Vandenhoeck-Reihe 1144, S. 21—31 (Orig.-Paginierung).

gungsstrichs und des Verneinungsstrichs aus einfachen Sätzen aufgebaut werden können. Daß in unserem Aufsatze die „und"-Verbindung von Sätzen bzw. Gedanken den Ausgangspunkt bildet, und nicht, wie in der „Begriffsschrift", die „wenn-so"-Verknüpfung, läßt sich, unter Hinweis auf Freges eigene Worte („Begriffsschrift" S. 12f.) dadurch erklären, daß auch nach Frege unser gewöhnlicher Gebrauch von „und" dem normierten Gebrauch des entsprechenden Zeichens der Begriffsschrift weit näher kommt als der natürliche Sinn von „wenn-so" dem des Bedingungsstrichs. Da bei der philosophischen Erörterung des logisch Grundsätzlichen der technische Vorteil beim Deduzieren nicht ins Gewicht fällt, der Frege dort dazu bestimmte, den Bedingungsstrich als Grundsymbol zu wählen, konnte er im vorliegenden Falle bei „und" bleiben. Das logische „und" ist ja durch den Bedingungsstrich und den Negationsstrich (p und $q = _{Df}$ Nicht: wenn p, so nicht q) ebenso leicht zu definieren wie das logische „wenn-so" mit Hilfe des logischen „und" sowie des Verneinungsstrichs: (Wenn p, so $q =_{Df}$ Nicht: p und nicht q).

Der vierte Teil, der nur im Fragment vorliegt, hätte eine entsprechende Begründung des Ausdrucks der Allgemeinheit durch den Alloperator enthalten und so den ersten Abschnitt einer Philosophie der Logik Freges abschließen können. Wir dürfen also annehmen, daß wir in diesen drei Aufsätzen Teile eines unvollendeten Ganzen vor uns haben, den letzten Versuch Freges, eine Zusammenfassung seiner Theorien im Felde der Logik und eine philosophische Begründung für sie zu geben. Da der dritte Aufsatz 1923 erschien und das Fragment des vierten Teils sich ausdrücklich auf diesen schon veröffentlichten Abschnitt bezieht, liegt die Vermutung nahe, daß erst der Tod Freges 1925 den Abschluß jener Theorie des elementaren Teils der Logik verhinderte.

2. Während die drei Teile der „Logischen Untersuchungen" ohne jeden Seitenblick der Sache zugewandt sind, geben die beiden weiteren Aufsätze unserer Sammlung der Auseinandersetzung mit anderen Autoren Raum. Der Aufsatz „Kritische Beleuchtung einiger Punkte in E. Schröders Vorlesungen über die Algebra der Logik" von 1895 zeigt Frege in kritischer Diskussion mit den Auffassungen eines mathematischen Logikers begriffen, den er als einen der wenigen gründlichen Denker auf dem Gebiete der mathematischen Logik schätzte, von dem ihn jedoch tiefgehende Unterschiede in Methode und Grundansichten trennten. „Die Zahlen des Herrn H. Schubert" von 1899 dagegen ist ein brillantes Pamphlet gegen einen wackeren Schulmann, der das

Unglück hatte, zu einer Aufgabe herangezogen zu werden, von deren Schwierigkeit weder er noch seine Auftraggeber eine angemessene Vorstellung hatten. Man kann Freges Zorn darüber nachfühlen, daß für den eröffnenden Beitrag „Grundlagen der Arithmetik" der mehrbändigen „Encyklopädie der mathematischen Wissenschaften" (die auf eine Anregung *Felix Kleins* zurückging und bis 1950 nicht durch eine Neuauflage ersetzt wurde) ein völliger Laie auf dem Gebiet der Grundlagenforschung gewonnen wurde, der noch nicht einmal die wichtigsten Schriften der Autoritäten zu studieren für nötig hielt. Es war weniger der Verfasser, als das Faktum, daß dieser in einem Standardwerk von 1898 so schreiben konnte, als hätten *Frege, Cantor, Dedekind, Peano* nie existiert, es war die traurige Einsicht, daß seine Arbeit bislang ohne Wirkung geblieben war, die Frege dazu reizte, im Tone des bekehrten, bewundernden Schülers den Verfasser des Enzyklopädie-Artikels als den Begründer einer neuen Wissenschaft zu feiern, deren revolutionäre methodische Prinzipien die Vermeidung des Denkens, das Absehen von störenden Eigenschaften der Objekte und das Prinzip der Nichtunterscheidung des Verschiedenen sein sollten. Beide Aufsätze geben einen deutlichen Eindruck von verschiedenen Seiten der Darstellungsart Freges, die in fast allen seinen Schriften, jedoch in wechselnden Anteilen uns entgegentreten. Redlich Durchdachtem, aber Irrigem, pflegte er mit ruhiger Erörterung der Schwierigkeiten und Schwächen zu begegnen; die gedankenlose Phrase fertigte er gern mit einem witzigen Seitenhieb, gelegentlich mit mecklenburgischer Grobheit ab.

3. Der Aufsatz „Kritische Beleuchtung usw." ist zwar das wichtigste Dokument der Diskussion zwischen Frege und Schröder, jedoch weder das erste noch das letzte Wort, das Frege über sein Verhältnis zu Schröders Auffassungen drucken ließ. *Ernst Schröder* (1841—1902)[4], Professor der Mathematik und zeitweilig Direktor an der Technischen Hochschule in Karlsruhe, war neben Frege der bedeutendste Vertreter der mathematischen Logik in Deutschland. Während Frege jedoch im Sinne Kants eine logische Begründung der Mathematik geben wollte, schloß sich Schröder mehr den Versuchen der Engländer *Boole* und *De Morgan* an, die eine Darstellung der Logik mit Hilfe algebrai-

---

[4] Über E. Schröders Leben und Werk vgl. den Nekrolog mit Schriftenverzeichnis von *J. Lüroth* in dem von E. Müller posthum herausgegebenen Band II, 2 seines Hauptwerks „Vorlesungen über die Algebra der Logik (Exakte Logik)" I (1890), II, 1 (1891), III (1895), II, 2 (1905). Der Nekrolog a.a.O. S. III—XIX.

scher Zeichen und Operationen unternommen hatten. Der akademische Erfolg beider Männer stand in umgekehrtem Verhältnis zu ihrer Originalität.

Frege bezieht sich in seinen „Grundlagen der Arithmetik" (1884) öfters[5] teils zustimmend, teils ablehnend auf Schröders „Lehrbuch der Arithmetik und Algebra" (I. [einziger] Band, Leipzig 1873). Wichtige Übereinstimmung besteht darin, daß Gegenstände erst als Exemplare eines Begriffs zählbar werden, und in dem Verfahren der Definition der Gleichheit von Zahlen mittels der eindeutigen Zuordnung ihrer Elemente. Kritik findet Schröders unscharfe Ausdrucksweise, seine mangelnde Konsequenz in der Unterscheidung des Zahlzeichens von der Zahl selbst, sowie die Ansicht, man könnte einem Zeichen durch bloße Definition eine beliebige Bedeutung verschaffen. Auch in den „Grundgesetzen der Arithmetik" (I, 1893) wird Schröder von Frege zwar als einer der seltenen Bundesgenossen in der Grundlagenforschung anerkannt, zugleich aber wegen seiner nicht hinreichend tiefen Betrachtungsweise sowie wegen seiner Neigung zu „schöpferischen" Definitionen getadelt[6].

Die verschiedenen Auffassungen der Logik treten besonders in Schröders Rezension (1880) der „Begriffsschrift" (1879) Freges und in Freges Erwiderung (1882)[7] ans Licht. In wohlwollendem, freilich ein wenig herablassendem Ton stellte Schröder fest, Frege habe, mit größerer Umständlichkeit und großem Scharfsinn, in anderer Weise zu machen versucht, was vor ihm *Boole*, *De Morgan*, *Grassmann* und Schröder selbst schon besser gemacht hätten.

Es klingt der Vorwurf an, Frege habe die Verdienste dieser Vorgänger nicht hinreichend gewürdigt. In seiner Erwiderung hebt Frege die gänzliche Verschiedenheit der Absichten Booles von den seinen hervor: dort der Versuch einer „Einkleidung der abstrakten Logik in das Gewand algebraischer Zeichen", hier dagegen das Programm einer einheitlichen Formelsprache, durch die Logik und Mathematik gemeinsam ausgedrückt werden

---

[5] „Grundlagen der Arithmetik", Breslau 1884 (Neudrucke 1934 und Darmstadt und Hildesheim 1961) S. VIII, 27, 44, 46, 54f., 62—64, 65f., 74 (Anm.), 95f. (Anm.).
[6] „Grundgesetze der Arithmetik" I, Jena 1893 (Neudruck Darmstadt und Hildesheim 1962) S. XIII u. 2f.
[7] G. Frege, „Begriffsschrift", Halle 1879 (Neudruck Darmstadt und Hildesheim 1964). E. Schröder, Rez. in Zeitschrift f. Math. und Physik 25, 1880, S. 81—94. G. Frege, „Über den Zweck der Begriffsschrift", Jen. Zeitschrift f. Naturwissensch. 16 (1882) Suppl. Heft I, S. 1—10, jetzt auch im Nachdruck von Freges „Begriffsschrift" 1964, S. 97—106.

könnten. Die für Boole und seine Nachfolger wesentliche Verwendung mathematischer Operationszeichen wie „+" und „—", sowie des Multiplikationszeichens „·" für Zwecke der Logik sei für ihn selbst ausgeschlossen, weil man sonst dasselbe Zeichen in verschiedenen Bedeutungen verwenden müßte. In Anknüpfung an *Leibniz* und dessen Idee eines „calculus ratiocinator" und einer „lingua rationalis"[8] bestimmt Frege den wesentlichen Unterschied in der Zielsetzung zwischen Booles Algebra der Logik und seiner eigenen Begriffsschrift: Boole entwerfe einen calculus ratiocinator, also eine Darstellungsweise der Logik, in der die logischen Gesetze als Regeln des Operierens mit Symbolen erscheinen; Freges Begriffsschrift hingegen sei eine universale Sprache, in der die logischen Strukturen der ausgedrückten Inhalte durchsichtig und eindeutig hervortreten. Eine „lingua rationalis" muß einen „calculus ratiocinator" enthalten, nicht aber umgekehrt[9].

1890 erschien der erste Band von Schröders Hauptwerk, der „Vorlesungen über die Algebra der Logik". In einer Anmerkung zu seinem Aufsatz „Über Begriff und Gegenstand"[10] hebt Frege

---

[8] Statt „lingua rationalis" schreibt Frege überall im Text „lingua characterica". Dieser Ausdruck kommt nur in einer von *R. E. Raspe* in seiner Ausgabe der „Oeuvres philosophiques de Leibniz" (1765) eingefügten Überschrift vor, die auch *Erdmann* in seiner Ausgabe der Leibnizschen „Opera Philosophica" (1840) S. 162 abdruckte. Frege hat den Terminus wohl von *F. A. Trendelenburg* „Historische Beiträge zur Philosophie, Band III, Vermischte Schriften" (1867) S. 6ff. übernommen. Der auch sonst in der Schreibung „lingua characteristica (universalis)" eingebürgerte Ausdruck ist für Leibniz nicht nur nicht nachweisbar, sondern nachweislich unmöglich.

[9] Vgl. „Über den Zweck der Begriffsschrift", a.a.O. S. 2 (bzw. S. 98). Der Vergleich wird von Frege noch öfters benutzt; vgl. Freges Mitteilungen an Jourdain (1910) in: *P. E. B. Jourdain,* „The development of the theories of mathematical logic and the principles of mathematics" The Quarterly Journal of pure and applied mathematics 43, 1912, S. 253, und Freges Aufsatz: „Über die Begriffsschrift des Herrn Peano und meine eigene". Ber. d. Vh. d. Kgl. Sächs. Ges. d. Wiss. zu Leipzig, Math.-Phys. Classe 48 (1897) S. 361—378. Dort heißt es, Booles Logik sei ein calculus ratiocinator, Peanos mathematische Logik hauptsächlich eine lingua characterica, während Freges Begriffsschrift „beides mit gleichem Nachdruck" sein solle (S. 371). Vgl. auch „Grundlagen der Arithmetik" S. 103 (Anm.). Zum Ausdruck „lingua characterica" vgl. die vorige Anm.

[10] G. Frege, „Über Begriff und Gegenstand", Vj. f. wiss. Philos. 16, 1892, S. 192—205. Neudruck in „Funktion, Begriff, Bedeutung" (1962), 5. Aufl.1980, S. 66—80. Die Anm. S. 194 bzw. 68.

hervor, daß er mit Schröder übereinstimme in der Deutung des Gleichheitszeichens „="": beide faßten es als Ausdruck der Identität dessen auf, das durch die links und rechts vom Gleichheitszeichen angeführten Ausdrücke bezeichnet werde.

Zugleich tadelt Frege, daß Schröder zwischen den beiden „grundverschiedenen Beziehungen des Fallens eines Gegenstandes unter einen Begriff und der Unterordnung eines Begriffes unter einen (anderen) Begriff"" nicht unterscheide. „Sokrates ist ein Mensch"" drückt einen Fall der ersten Beziehung aus, „alle Wale sind Säugetiere"" einen Fall der zweiten Beziehung. Daß der Unterschied beachtet werden muß, zeigt sich schon darin, daß die Unterordnung unter Begriffen transitiv ist, während das für das „Fallen eines Gegenstandes unter einen Begriff"" nicht gilt. Eine Beziehung ist transitiv, wenn daraus, daß sie zwischen x und y besteht, sowie zwischen y und z besteht, folgt, daß sie auch zwischen x und z besteht. Wenn alle Wale Säugetiere sind und diese wiederum sämtlich Wirbeltiere, so ist der Begriff „Wal"" dem Begriff „Säugetier"", und dieser dem Begriff „Wirbeltier"" untergeordnet, folglich auch „Wal"" dem Begriff „Wirbeltier"", und alle Wale sind denn ja auch eo ipso Wirbeltiere. Nicht jedoch gilt, daß, wenn Sokrates ein Philosoph ist, Philosophen aber selten sind, auch Sokrates selten ist. Es hat gar keinen Sinn, von einem Individuum, einem einzelnen Gegenstand auszusagen, er oder es sei „selten"". „Selten"" ist ein Prädikat, das nur Begriffen zukommen kann, also ein Begriff, unter den nur Begriffe fallen können. Ein Begriff ist „selten"", wenn es nur wenige Exemplare von ihm gibt. Man kann nicht sagen, „dieses Bild von Manet ist selten"", sondern nur „ein solches Bild von Manet ist selten"" oder „solche Bilder von Manet sind selten"". Darin zeigt sich, daß hier immer von einem Begriff (etwa eines Bildes mit angebbaren Eigenschaften) die Rede ist. Ein „Mann wie Sokrates"" mag selten sein, aber das heißt wieder nur: es gibt wenige Individuen, die unter den Begriff „Mann wie Sokrates"" fallen. Wir lernen, nebenbei, über unsere Sprache, daß sie den Plural öfters verwendet, um den Begriff von etwas anzudeuten: „Mäzene sind selten"", „Napoleons werden nicht alle Tage geboren"" u. dgl. Wir sagen nun „Ein Gobelin wie dieser ist selten"", und daher auch „dieser Gobelin ist wegen seiner Seltenheit teuer"". Wir behandeln also (umgangssprachlich) „selten"" und „teuer"" als Eigenschaften dieses vorliegenden Gegenstandes. Tatsächlich ist aber nur „teuer"" ein Gegenstandsprädikat, „selten"" ist ein Begriffsprädikat, dessen logische Eigenschaften ganz verschieden sind von denen eines Gegenstandsprädikats. Frege hatte die Notwendigkeit der einschlägigen Unterscheidung schon 1884 in seinen

„Grundlagen der Arithmetik" betont[11]. In seinen späteren Schriften tritt sie noch weiter in den Vordergrund. Jedoch hat erst *Peano* in seinen „Arithmetices principia, nova methodo exposita" (1889) und dann besonders in seinen „Notations de logique mathématique" (1894) diesen Unterschied durch eine besondere Bezeichnungsweise befestigt.

Für die erste Beziehung, das Fallen eines Gegenstandes unter einen Begriff (bei Peano, wegen seiner mehr extensionalistischen Auffassung der Logik, eher: für die Zugehörigkeit eines Individuums zu einer Klasse) wählte er das Symbol „ε" — von der griechischen Kopula „ἐστίν"; als Symbol der Unterordnung eines Begriffs unter einen anderen (einer Klasse unter eine andere) führte er das Zeichen „⊃" ein; „*a C b*" heißt „*a* ist Consequenz aus *b*", das *umgekehrte* „*C*" deutet dann an, daß *b* Consequenz aus *a* sei.

Frege hatte keine speziellen Symbole für diese Beziehungen; aber er drückte sie in seiner Begriffsschrift verschieden aus. Das Fallen eines Gegenstandes unter einen Begriff wird bei ihm dadurch bezeichnet, daß der Name des Gegenstandes in Klammern hinter den Ausdruck des Begriffs geschrieben wird, also etwa „Philosoph (Sokrates)", in allgemeiner Symbolik „$\Phi(\Delta)$", wobei Φ den Ausdruck der Funktion (des Begriffs[12]), Δ den Namen des Gegenstandes vertritt. Die Unterordnung eines Begriffs unter einen Begriff erhält ihren Ausdruck auf Grund der Analyse des Satzes „Alle Φ sind Ψ" durch die begriffsschriftliche Formel des Äquivalents von „Für alle beliebigen Gegenstände Δ: Wenn $\Phi(\Delta)$, dann $\Psi(\Delta)$". Das sieht bei Frege so aus:

$$\vdash\!\!\!-\!\!\!\overset{a}{\underset{\smile}{\quad}}\!\!\!\!\begin{array}{l}\underline{\quad}\ \Psi(a)\\ \underline{\quad}\ \Phi(a)\end{array}{}^{13}$$

In unserem Aufsatz „Kritische Beleuchtung einiger Punkte in E. Schröders Vorlesungen über die Algebra der Logik" führt Frege zur besseren Verdeutlichung auch im Medium der natürlichen Sprache die folgenden Ausdrücke ein:

„*A sub B*"

für die Unterordnung der Klasse *A* unter die Klasse *B* und

„*A subter B*"

---

[11] „Grundlagen der Arithmetik" (vgl. Anm. 5) § 53, S. 64f.

[12] Hierzu vgl. G. Frege: „Funktion und Begriff" (1891). Neudruck, in: „Funktion, Begriff, Bedeutung" (1962), 5. Aufl. 1980, S. 18—39, bes. S. 27f.

[13] Vgl. „Grundgesetze der Arithmetik" I, S. 24.

um das Fallen des Gegenstandes A unter einen Begriff B, oder, in Schröders Ausdrucksweise, die Einordnung eines Individuums A in eine Klasse B auszudrücken. Der Bedeutungsunterschied der beiden lateinischen Präpositionen hat übrigens mit dieser logischen Unterscheidung nichts zu tun. Frege analysiert dann mit Hilfe dieser Differenzierung einen Gedanken Schröders, nämlich die Verwerfung des Booleschen Begriffs einer Allklasse (des bei Boole sog. „universe" — der von Schröder und Frege benutzte Ausdruck „universe of discourse" stammt von De Morgan[14]). Schröder hatte argumentiert: Die Nullklasse (die Klasse, der nichts angehört) ist in jeder anderen Klasse enthalten. Sie ist also auch enthalten in der Klasse der Klassen, die mit der Allklasse gleich (identisch) sind. Also sind Nullklasse (bei Boole durch „0" bezeichnet) und Allklasse (bei Boole mit „1" bezeichnet) dasselbe: wir haben $1 = 1$ und $0 = 1$, was unmöglich ist. Daraus zieht Schröder den Schluß, die umfassende Klasse 1 dürfe nicht unter ihren Elementen Klassen enthalten, die ihrerseits wieder Elemente derselben Mannigfaltigkeit unter sich befassen. Es ist eine merkwürdige Pointe, daß Schröder, um eine selbstgemachte, von Frege vollkommen richtig aufgelöste Schwierigkeit zu beheben, einen Vorschlag zur Begrenzung der Begriffsbildung und Einschränkung der Klassenbildung macht, der wie eine Antizipation der „einfachen Typentheorie" wirkt, die später von *Russell* u. a. als Ausweg eingeschlagen wurde, um die sehr einschneidenden und tiefgreifenden Schwierigkeiten zu überwinden, die Freges System der Logik belasteten. Um Schröders Aporie zu entwirren, bedarf es so weitausholender Reformen der Logik aber keineswegs: es bedarf nur der Einsicht, daß die Nullklasse allen anderen Klassen untergeordnet (0 *sub* A) ist, nicht aber als Element diesen Klassen angehört (0 *subter* A). So sind die Centauren (als Klasse) der Klasse der Lebewesen untergeordnet. Denn: wenn etwas ein Centaur ist, dann ist es ein Lebewesen. Aber die Klasse der Centauren ist nicht selbst eines der Lebewesen. Offenbar ist alles, was in die Nullklasse fällt, nämlich nichts, etwas, was mit der Allklasse identisch ist. Aber das heißt nicht, daß die Nullklasse, „das Nichts", mit der Allklasse identisch sei. Tatsächlich macht auch Schröder denselben Fehler, den vor ihm viele Philosophen, von *Parmenides* bis zu *Christian Wolff* begangen hatten, nämlich das bloß grammatische Pseudosubjekt „Nichts" als einen Namen

---

[14] *Augustus De Morgan*, „Formal Logic", 1847. Boole hat ihn 1854 in sein Buch „An Investigation of the Laws of Thought" übernommen, z. B. S. 81.

aufzufassen. Man würde denken, daß der Schaden, den Polyphem von dieser Verwechslung hatte, seine Nachfolger hätte schrecken sollen; aber noch heute sehen wir, etwa bei *Heidegger*, die gleiche irrige Hypostasierung einer Negationstechnik der Umgangssprache philosophische Theorien hervortreiben; ein schönes Beispiel für „die Täuschungen, . . ., die durch den Sprachgebrauch über die Beziehungen der Begriffe oft fast unvermeidlich entstehen"[15].

Der Aufbau unseres Aufsatzes ist klar gegliedert: Zuerst (S. 433—438) wird der sog. „Gebietekalkül" Schröders als zur Darstellung der Logik ungeeignet erwiesen. Es wird dann (S. 438—441 oben) die Paradoxie behandelt, die Schröder zur Verwerfung des Booleschen „Universe" veranlaßte. Frege führt anschließend die Unterscheidung zwischen *„subter"* und *„sub"* ein und untersucht zuerst (S. 442—450), was sich ergibt, wenn das Enthaltensein der leeren Klasse in allen Klassen im Sinne von *„subter"* aufgefaßt wird. In diesem Falle würde die unerwünschte Konsequenz, die Schröder so beeindruckt, tatsächlich eintreten; jedoch ist sie durch die von ihm vorgeschlagene Einschränkung des Klassenbegriffs nicht wegzuschaffen: Frege weist eine Reihe von noch schlimmeren Konsequenzen nach und findet den Grundirrtum Schröders in der falschen Definition der Nullklasse. Eine Klasse die in allen Klassen als Element enthalten ist, kann es nicht geben, also kann man sie auch nicht durch Definition schaffen.

Die noch übrige Möglichkeit, nämlich die Einordnung mit Hilfe von *„sub"* zu deuten, erörtert Frege kurz auf den Seiten 450—452. Bei dieser Interpretation, so ergibt sich, entstehen die eingangs dargestellten Schwierigkeiten nicht; also ist auch zu der Verwerfung der Allklasse, wie sie *Boole* einführte, kein Anlaß.

Das Hauptverdienst Freges in diesem Aufsatz besteht in der klaren Trennung grundverschiedener Dinge, die wegen gewisser formaler Analogien immer wieder für gleich gehalten werden. Er unterscheidet das Verhältnis des Teils zum Ganzen von dem eines Gegenstandes zu dem Umfang eines Begriffs, unter den er fällt, und beide wieder von dem Verhältnis eines Begriffs zu den ihm übergeordneten Begriffen. Die Frage nach der Existenz, dem „Sein" kann gestellt werden einmal im Hinblick auf Eigennamen, nämlich ob es das gibt, was der Name bezeichnet; andererseits aber auch im Hinblick auf Begriffe, nämlich ob es Gegenstände gibt, die unter sie fallen. Beide Fragen sind grundverschieden. Wegen der Vernachlässigung dieses Unterschieds hat Schröder auch übersehen, daß man von einer „Klasse" nicht

---

[15] *G. Frege*, „Begriffsschrift" (1879) S. VI.

sprechen kann, ohne schon einen Begriff vorgegeben zu haben, der den Umfang, die Klasse bestimmt. Wir vergessen meistens, daß von Gegenständen überhaupt sinnvoll nur unter der Leitung von Begriffen gesprochen werden kann. Wir können aber gar keine Gegenstände oder Dinge zu einer Klasse zusammenfassen, ohne schon eine begriffliche Hinsicht aufzunehmen, in der diese „Gegenstände" übereinstimmen. Diese Einsicht ist, wie so vieles bei Frege, nur eine zu voller Bestimmtheit gebrachte Maxime *Kants*, in diesem Falle das Prinzip, daß Anschauungen ohne Begriffe blind sind.

Noch 1910, also 15 Jahre nach unserem Aufsatz, ist Frege in der gleichen Weise kritisch auf Schröders „Algebra der Logik" eingegangen. Er weist wiederum darauf hin, daß die Klassenlogik von der Logik der Begriffe abhängen müsse und nicht umgekehrt, wie Schröder[16] meinte. Freges Kritik war übrigens, soweit Schröder selbst betroffen war, vollkommen wirkungslos. In einem in „The Monist" (1899) veröffentlichten Aufsatz „On Pasigraphy"[17] schlägt Schröder als Notation für die Darstellung der Arithmetik und Logik wiederum sein Inklusionszeichen „$\in\hspace{-0.6em}=$" vor, dessen Verwendung Frege kritisiert hatte; dabei gibt er ausdrücklich die beiden Zeichen „ε" und „$\supset$" von Peano als eine weniger brauchbare Alternative an.

Über Frege schreibt er folgendes:
"Turning from these special investigations of English origin and leaving untouched several isolated attempts (as for instance that of Herr *Frege*, who heedless of anything accomplished in the same direction by others, took immense pains to perform what had already been much better done and was therefore superseded from the outset, thus delivering a still-born child) save the fundamental work of Mr. *Peirce* in the United States and his German and English precursors among whom *Boole* and *De Morgan* deserve first mention, the aims of Pasigraphy hitherto have found assiduous promoters only in *Italy*[18]."

4. Mit Ausnahme der „Antwort auf die Ferienplauderei des Herrn Thomae" (1906)[19] hat Frege nie eine schärfere literarische Polemik drucken lassen als sein als selbständige Schrift gedrucktes Opusculum „Über die Zahlen des Herrn H. Schubert". Man merkt es diesem Text an, daß er in frischem Zorn entstand; im Novem-

---

[16] *P. E. B. Jourdain*, „The development etc.", 1912, S. 252.
[17] *E. Schröder*, „On Pasigraphy", The Monist 9, 1899, S. 44—62, bes. S. 51f.
[18] A. a. O. S. 60f.
[19] Jahresberichte d. dt. Math.-Vereinigung 15, 1906, S. 586—590.

ber 1898 war das erste Heft der „Encyklopädie" ausgeliefert worden, schon im Oktober 1899 ist das Vorwort von Frege unterzeichnet. Der Inhalt bedarf keiner besonderen Erläuterungen. Es mögen jedoch einige sonst nicht bequem zugängliche Mitteilungen über den von Frege so scharf angegriffenen Autor folgen, die auch das Verständnis der wissenschaftlichen Situation erleichtern können. Hermann Cäsar Hannibal *Schubert*, geboren 1848 — also in demselben Jahr wie Frege — zu Potsdam, gestorben 1911 in Hamburg, wurde 1870 in Halle promoviert; von 1872 bis 1876 war er Gymnasialoberlehrer in Hildesheim, 1876 bis 1908 Oberlehrer und Professor am Hamburger Johanneum. 1875 erhielt er für seine Preisschrift „Characteristicum der Raumkurven dritter Ordnung" die Große Goldene Medaille der Königlich Dänischen Akademie. Er begründete die sog. „Sammlung Schubert", in der von 1898 bis 1908 achtundvierzig Bände, Lehrbücher für Studierende der Mathematik und mathematischen Physik, erschienen waren, darunter Schuberts eigenes „Lehrbuch der Arithmetik und Algebra" (1899). Seine Aufgabensammlungen erreichten mehrere Auflagen, die „Mathematischen Mußestunden", zuerst 1879 erschienen, wurden noch 1953 in 11. Auflage gedruckt. Wir erhalten so den Eindruck eines tüchtigen Mathematikers und Pädagogen, der neben seiner Gymnasialtätigkeit in beträchtlichem Umfang als Schriftsteller und Herausgeber wirkte. Seine Veröffentlichungen reichen von streng wissenschaftlichen Abhandlungen über Lehrbücher für den Unterricht bis zu populärmathematischen Beiträgen, für die er offenbar ein besonderes Talent besaß (z.B. Das Skatspiel im Lichte der Wahrscheinlichkeitsrechnung, 1886; Die Quadratur des Zirkels in berufenen und unberufenen Köpfen, 1889; Neuer ewiger Kalender, 1902). Über die logischen Grundlagen der Arithmetik hatte Schubert bis 1898 nichts veröffentlicht; 1887 ließ er allerdings in Virchow-Holtzendorffs Sammlung gemeinverständlicher wissenschaftlicher Vorträge eine kleine Schrift mit dem Titel „Zählen und Zahl, eine kulturgeschichtliche Studie" erscheinen. Vom Zahlbegriff wird aber in dieser Studie nicht gehandelt. Was daher die Herausgeber der „Encyklopädie der mathematischen Wissenschaften mit Einschluß ihrer Anwendungen" veranlaßte, gerade Hermann Cäsar Hannibal Schubert um den das Werk eröffnenden Artikel „Grundlagen der Arithmetik" zu bitten, bleibt einstweilen dunkel [20]. Schließlich handelte es sich

---

[20] *Schubert* selbst sagt in einem Urlaubsgesuch an die Hamburger Schulbehörde vom 4. 7. 97 über die Motive der Redaktion: „Für die Gebiete der höheren Mathematik sind Universitätsgelehrte zu Bearbeitern

um ein internationales Unternehmen, zu dessen Initiatoren *Felix Klein* (Göttingen) gehörte[21], und das von den Akademien der Wissenschaften zu Göttingen, Leipzig, München und Wien getragen wurde.

Die für die Bearbeitung dieser Aufgabe hervorragend geeigneten Forscher mußten den Editoren bekannt sein. In erster Linie konnten *R. Dedekind*[22], *E. Schröder*, *G. Cantor* und natürlich *Frege* selbst in Betracht kommen; nach ihnen hätte man *R. Lipschitz*, *H. Grassmann*, *H. Hankel*, *J. Thomae* und *O. Stolz* berücksichtigen müssen. Von allen diesen hätten nur *Dedekind, Cantor* und *Frege* einen Beitrag liefern können, der nicht schon zur Zeit des Erscheinens überholt gewesen wäre; jedoch auch die anderen genannten Autoren hätten vermutlich weit Besseres geleistet als der auf dem schwierigen Gebiet ganz unerfahrene Schubert.

Seine Wahl scheint vielmehr zu beweisen, daß die Herausgeber diese Grundlagenfragen als ziemlich nebensächlich ansahen. Frege bezeugt dies selbst für die Mathematiker der Zeit vor 1893[23]; daß es auch 1896 noch so war, geht aus dem Schreiben der Philosophischen Fakultät der Universität Jena vom 1. 2. 1896 hervor, in dem diese die Ernennung Freges zum ordentlichen Honorarprofessor beantragt. Es heißt da: „Diese . . . Fragen werden noch immer von vielen Mathematikern mehr als Grenzfragen als die eigentliche Mathematik angehenden (sic!) Fragen angesehen, und es finden die wenig Beachtung, die sich mit dergleichen Fragen

---

gewählt, für die elementare Arithmetik jedoch hat man mich gewählt, und zwar wegen des in meinen Schulbüchern durchgeführten konsequenten logischen Aufbaus der Grundlagen der Arithmetik". Wenn nur ein „logischer Aufbau der Grundlagen" auch schon ein „Aufbau der logischen Grundlagen" wäre! — Dem jetzigen Direktor des Johanneums, Herrn Ob.-Stud.-Dir. *H. Schütz*, danke ich für die Überlassung der Personalakte Schuberts, die das zitierte Gesuch enthält. Über Schuberts Leistungen als Mathematiker, speziell als Geometer, unterrichtet der Aufsatz von *W. Burau*, „Der Hamburger Mathematiker Hermann Schubert" (Mitteilungen der Hamburgischen Mathematischen Gesellschaft IX. 3, 1966).

[21] Vgl. den „Einleitenden Bericht" des Herausgebers, *W. F. Meyer*, zu dem am 7. Nov. 1898 ausgegebenen 1. Heft des Teils A von Band 1, in dem außer dem Beitrag von *Schubert* noch der von *Netto* über Kombinatorik und der Aufsatz von *Pringsheim* über Irrationalzahlen erschien.

[22] *R. Dedekind* war der Verfasser der Bücher „Stetigkeit und irrationale Zahlen", 1872 und „Was sind und was sollen die Zahlen?", 1887, 8. Aufl. 1960. Im Vorwort zur 2. Aufl. 1893 weist Dedekind auf Freges „Grundlagen" hin, die er erst nach 1887 gelesen habe, und stellt „nahe Berührungspunkte" fest.

[23] „Grundgesetze der Arithmetik" I, S. XIIf.

einseitig befassen."[24] Daß sich daran auch in Jena bis 1908 nicht viel geändert hatte, entnehmen wir der denkwürdigen Mitteilung des dortigen Universitätskurators Dr. *von Eggeling* an die „durchlauchtigsten Erhalter" der Universität, er könne „Herrn Frege zu keiner Auszeichnung vorschlagen, da seine Lehrtätigkeit untergeordneter Art und für die Universität ohne besonderen Vorteil" sei[25]. Es ist ja auch heute noch unter Mathematikern die Abneigung gegen die „spekulativ" genannte Grundlagenforschung nicht ganz verschwunden. Sie hemmt nur nicht mehr den Fortgang der Wissenschaft, seitdem es an einigen Universitäten besondere Lehrstühle für mathematische Logik und Grundlagenforschung gibt.

Wie wenig Schubert auf seine Aufgabe vorbereitet war, zeigt schon die erste Anmerkung S. 1 seines 27 Seiten langen Artikels: Es heißt dort: „Daß auch unkörperliche Dinge gezählt werden können, betonte G. F. (!) Leibniz . . . Dagegen sieht J. St. Mill (Logic, Book III, 26), die in der Definition einer Zahl ausgesagte Tatsache als eine physische an, ähnlich G. Frege, Grundlagen der Arithmetik (Breslau 1884)." Wer die über 32 Seiten der „Grundlagen" einmal gelesen hat, in denen Frege sich mit Mills Auffassungen auseinandersetzt[26], der kann Freges Ansicht nicht der Mills ähnlich nennen.

Der von Frege mit vollem Recht schon 1899 streng kritisierte Artikel der Enzyklopädie konnte sich immerhin noch länger als ein halbes Jahrhundert, um mit Frege zu reden, „in einer Enzyklopädie als Blüte der Wissenschaft" behaupten. Die Neuauflage des ersten Bandes, die z. Zt. noch nicht abgeschlossen ist, enthält statt Schuberts 27 Seiten die beiden ausgezeichnet orientierenden Beiträge von *H. Hermes* und *H. Scholz*: „Mathematische Logik"[27] und von *H. Arnold Schmidt*: „Mathematische Grundlagenforschung"[28].

---

[24] Das zitierte Schreiben ist unterschrieben von dem damaligen Dekan *Winkelmann* und trägt die Archivnummer BA 443 des Universitätsarchivs Jena. Dem Leiter des Archivs, Herrn *Köhler*, bin ich für die freundliche Überlassung von Fotokopien dankbar.

[25] Schreiben vom 3. 6. 1908. Man erinnert sich, daß in dem gleichen Zeitraum die Universität Göttingen auf die Anregung des Ministeriums, *E. Husserl* zum Ordinarius zu ernennen, nicht eingehen wollte. Im Falle Freges wird man vermuten müssen, daß seine Kontroverse mit dem Ordinarius in Jena, *J. Thomae*, die 1906 sehr scharfe Formen angenommen hatte, nicht ohne Einfluß auf die Einstellung der Behörde blieb.

[26] „Grundlagen der Arithmetik" S. VIII, 9—17, 22 f., 25, 29—33, 42, 51.

[27] Band I, 1, 2. Auflage, Heft 1, I (August 1952), 82 S.

[28] Band I, 1, 2. Auflage, Heft 1, II (Oktober 1950), 42 S.

Die Theorien, die Frege in den drei späten Aufsätzen „Der Gedanke", „Die Verneinung" und „Gedankengefüge" entwickelt, unterscheiden sich nicht wesentlich, aber doch merklich von den entsprechenden Ausführungen etwa in „Sinn und Bedeutung" (1891) und in seinem Hauptwerk, den „Grundgesetzen der Arithmetik" I (1893). Zwischen diesen verschiedenen Fassungen liegen fast 30 Jahre; Veränderungen in der Akzentuierung sind zu erwarten.

Zunächst ist auffällig, daß die Unterscheidung von „Sinn" und „Bedeutung" eines Satzes jedenfalls terminologisch zurücktritt. Das mag damit zusammenhängen, daß in diesen späteren Aufsätzen mehr von den besonderen Handlungen des erkennenden und urteilenden Menschen gesprochen wird als früher, so daß sich der Ausdruck „Gedanke" näher legt als der Ausdruck „Sinn".

In den „Grundgesetzen der Arithmetik" I, 1893, S. 9, unterschied Frege in einer prägnanten Formulierung Satz, Gedanke und Urteil: „Ich unterscheide das Urteil vom Gedanken in der Weise, daß ich unter Urteil die Anerkennung der Wahrheit eines Gedankens verstehe. Die begriffschriftliche Darstellung eines Urteils mittels des Zeichens ‚⊢' nenne ich ... Satz."

In „Der Gedanke" (S. 62) unterscheidet Frege statt dessen Denken, Urteilen und Behaupten. Es heißt dort:

„Wir unterscheiden demnach: 1. Das Fassen des Gedankens — das Denken; 2. die Anerkennung der Wahrheit eines Gedankens — das Urteilen; 3. die Kundgebung dieses Urteils — das Behaupten."

Da der Satz als Ausdruck dieser Behauptung noch hinzugenommen werden muß, erhalten wir so eine vierfache Gliederung, wo in den „Grundgesetzen" noch eine dreifache Gliederung genügte.

Jedoch ist diese Ausdrucksweise etwas unscharf: es werden drei Handlungen voneinander unterschieden, die sich auf einen Satz beziehen können. Dabei setzt die jeweils folgende die vorhergehenden Handlungen voraus. Da man die Wahrheit eines Satzes (oder Gedankens) anerkennen kann, ohne ihn auch mündlich oder schriftlich zu behaupten (was stets eine Äußerung des Behauptenden voraussetzt), wird man diese Verfeinerung als berechtigte Ergänzung anerkennen.

Besonders wichtig ist die Einsicht, daß die Prädikation oder Aussage nicht identisch ist mit der Behauptung, obwohl wir in Sätzen der Umgangssprache die Behauptung nicht als besonderen Teil der Aussage isolieren können. In dem Satz: „Es ist jetzt genau zehn Uhr oder meine Uhr geht falsch" wird keiner der beiden Teilsätze behauptet, obwohl der Satz „Es ist jetzt genau zehn Uhr", ein Behauptungssatz, dem ersten Teilsatz genau entspricht. In seiner Begriffsschrift hat Frege den Unterschied durch das erwähnte Behauptungszeichen besonders bezeichnet, das nur im zweiten Falle vor den Teilsatz gesetzt werden könnte. Der Gedanke ist für Frege das, was dem Fragesatz z.B. „Ist es jetzt zehn Uhr?" und dem Behauptungssatz „Es ist jetzt zehn Uhr" gemeinsam ist. Der Fragesatz enthält darüber hinaus noch die Aufforderung, sich über die Wahrheit oder Falschheit des Satzes zu äußern. Der Behauptungssatz enthält außer dem Gedanken noch die Kundgebung, daß der Gedanke wahr ist. Danach sieht es so aus, als komme ein Gedanke nur als Inhalt eines Satzradikals vor; in jedem vollständigen Satz wird er durch zusätzliche Elemente ergänzt. Das Denken bestimmt Frege, wie wir sahen, als das „Fassen eines Gedankens" — tatsächlich läßt sich wohl keine andere Bestimmung geben. Aber der Gedanke ist gegenüber dem Denken primär, er wird nicht vom Denken erzeugt, sondern das Denken bestimmt sich dadurch, daß es den schon vorausgesetzten Gedanken (S. 44, 49f.) ergreift oder faßt.

Frege trifft in diesem Zusammenhang zwei Feststellungen, die fragwürdig erscheinen, ja wohl nicht zu halten sind. Die erste ist die These, daß der Begriff der *Wahrheit* nicht definiert werden könne. Im Zusammenhang mit seiner Diskussion der Versuche, Wahrheit als Übereinstimmung eines Satzes mit der Wirklichkeit zu definieren, kommt er zu dem Ergebnis „... in einer Definition gäbe man gewisse Merkmale an. Und bei der Anwendung auf einen besonderen Fall käme es dann immer darauf an, ob es wahr wäre, daß diese Merkmale zuträfen. So drehte man sich im Kreise. Hiernach ist es wahrscheinlich, daß der Inhalt des Wortes ‚wahr' ganz einzigartig und undefinierbar ist" (S. 32). Wir begegnen da einem Zug in Freges Denken, der zu seinem sonst ungebrochenen zuversichtlichen Vorwärtsstreben [29] in einem merkwürdigen Gegensatz steht. Frege ist, nach unserem heutigen Urteil, zu oft ohne eine genaue Prüfung bereit, letzte Gegebenheiten schlicht hinzunehmen. Auch das „Urteilen" ist für Frege etwas „ganz Eigenartiges und Unvergleichliches", daher sei eine Definition nicht möglich[30], dasselbe gilt vom „Begriff", der auch etwas „Logischeinfaches" sei. „Eine Definition

[29] Wie z.B. in „Über die wissenschaftliche Berechtigung einer Begriffsschrift" (1882) S. 55; auch in: „Funktion, Begriff, Bedeutung" (1962) 5. Aufl. 1980, S. 89 f.
[30] „Über Sinn und Bedeutung" (1892) S. 35; vgl. „Funktion, Begriff, Bedeutung" 5. Aufl. 1980, S. 50.

zur Einführung eines Namens für Logischeinfaches ist nicht
möglich. Es bleibt dann nichts übrig, als den Leser oder Hörer
durch Winke dazu anzuleiten, unter dem Worte das Gemeinte
zu verstehen[31]." Da für Frege Begriffe eine besondere Klasse
von Funktionen sind, kann auch für „Funktion" keine Definition gegeben werden; und das sagt Frege auch ausdrücklich in
„Was ist eine Funktion?"[32]. Er vergleicht diese undefinierbaren
Grundbegriffe mit den chemischen Elementen, die auch nicht
weiter analysiert werden können[33]. Aber erstens hat sich auch
bei den chemischen Elementen längst gezeigt, daß sie durch Angabe ihres Aufbaus aus Protonen, Neutronen und Elektronen
usw. definiert werden können; eine solche fortschreitende Analyse könnte auch in der Logik möglich werden, sie darf jedenfalls nicht a priori als ausgeschlossen gelten. Zweitens sind
logische Elementarbegriffe keine Naturkonstanten, die ein für
alle Male vorgegeben wären. Ihre Wahl hängt vielmehr von der
Art unserer sprachlichen Darstellung ab; es gibt alternative
Systeme, in denen jeweils Verschiedenes als Grundbegriff verwendet wird. Daß alles definiert werde, ist unmöglich; das wußte
schon *Aristoteles*. Aber das heißt noch nicht, daß es deshalb
Begriffe geben müßte, die prinzipiell undefinierbar sind. In jedem
System von Definitionen muß etwas vorausgesetzt werden; aber
möglicherweise kann man das jeweils Vorausgesetzte in einem
anderen Definitionssystem ableiten. Was nun speziell den Wahr-
heitsbegriff anlangt, so haben tiefgehende Untersuchungen von
Tarski und anderen inzwischen gezeigt, daß unter Voraussetzung
einer Trennung der Sprache in Objekt- und Metasprache eine
Definition des Wahrheitsbegriffes für solche speziellen Sprach-
typen gegeben werden kann, deren Ausdrucksmittel einen bestimmten Grad des Reichtums an Möglichkeiten nicht über-
schreiten.

Ob es nun gewisse Grundbegriffe gibt, von denen gilt, daß sie
in keinem System der Logik und Semantik abgeleitet werden
können, sondern in jedem System zu den undefinierten Grund-
begriffen gehören, das ist eine sehr schwierige, bislang jedenfalls
noch nicht entschiedene Frage. Ob die Begriffe des „Begriffs",
der „Funktion", des „Wahren", des „Urteilens", wie Frege
meint, zu solchen irreduziblen Grundelementen jeder Logik gehören, ist auch noch nicht hinreichend untersucht, um eine Ant-

---

[31] „Über Begriff und Gegenstand" (1892) S. 193; vgl. „Funktion, Begriff, Bedeutung" 5. Aufl., S. 66f.
[32] „Was ist eine Funktion?" (1904) S. 665; vgl. „Funktion, Begriff,
Bedeutung" 5. Aufl., S. 89f.
[33] Wie Anm. 30.

wort als gesichert erscheinen zu lassen. Jedenfalls genügen die Mitteilungen, die Frege in diesem Zusammenhang macht, nicht für die Begründung einer so starken Annahme. Wir haben es hier mit einer (sehr verständlichen) Tendenz Freges zu tun, seine eigene Logik nicht nur für ein besonders leistungsfähiges, in vielen Punkten anderen Systemen der Logik überlegenes System zu halten, sondern für das einzige überhaupt mögliche, das die gestellten Anforderungen erfüllt. Was in seinem System nicht definiert werden kann, das hielt er für prinzipiell undefinierbar. Inzwischen sind hinreichend viele neue, von Freges Theorie verschiedene Systeme der Logik vorgelegt worden, um uns gegen diesen Dogmatismus immun zu machen.

Ähnliche Einschränkungen sind gegenüber Freges knapper Behauptung am Platze, eine Tatsache sei „ein Gedanke, der wahr ist" (S. 74). Wir entnehmen dem Aufsatz im ganzen, daß es Frege darauf ankam, den Gedanken, als den Sinn von Behauptungssätzen, von dem subjektiven Prozeß des Denkens so unabhängig wie möglich zu machen. Andererseits wirkt diese Tendenz wiederum überspannt, wenn nun gar der Begriff der Tatsache durch den des „wahren Gedankens" erklärt werden soll. Es ist nicht zu verwundern, daß auch nach Freges Diktum die philosophische Analyse des Tatsachenbegriffs lebhaft weitergeführt worden ist. Auch hier wieder ist es noch nicht entschieden, ob Freges Auffassung nicht gute Gründe für sich anführen kann; aber die Gründe, die Frege tatsächlich angibt, sind sicher nicht ausreichend[34].

In *Gedankengefüge* gibt Frege die dritte und letzte von ihm vorgelegte Darstellung des Aufbaus zweistelliger Aussageverknüpfungen mit Hilfe einer Grundverknüpfung und der Verneinung. „Gedankengefüge" — statt des naheliegenden „Satzgefüge" — sagt Frege, weil nicht jeder Satz im Sinn der Grammatik einen selbständigen Gedanken ausdrückt, der für sich wahr oder falsch sein kann.

Die beiden vergleichbaren Darstellungen Freges finden sich in der *Begriffsschrift* von 1879 in den Paragraphen 5 bis 7, S. 5—13, und in den *Grundgesetzen der Arithmetik* I (1893) § 12, S. 20f. Die genannten Paragraphen der „Begriffsschrift" sind ein für die Entwicklung der Aussagenlogik bahnbrechender Text[35]. Frege geht dort von der Tatsache aus, daß für zwei beliebige Sätze „*A*"

---

[34] Hierzu vgl. den Sammelband „Truth", hrsg. v. *G. Pitcher*, 1964 sowie *G. Patzig*, „Satz und Tatsache" in: „Argumentationen", Festschrift für *Josef König*, 1964, S. 170—191.

und „B" im Hinblick auf Bejahen und Verneinen folgende vier Möglichkeiten bestehen:

1. A wird bejaht und B wird bejaht;
2. A wird bejaht und B wird verneint;
3. A wird verneint und B wird bejaht;
4. A wird verneint und B wird verneint.

Man kann nun Verknüpfungen von A und B dadurch definieren, daß man angibt, welche dieser vier Möglichkeiten von ihnen behauptet oder verneint werden. Frege beginnt (aus Gründen, wie wir sehen werden) mit derjenigen, die behauptet, daß der dritte Fall nicht vorliegt. Sie ist nur dann falsch, wenn A falsch und B wahr ist. Diese Verknüpfung entspricht dem Kern der Bedeutung des umgangssprachlichen „wenn B, so A." Wir würden geneigt sein, zu sagen, der Satz „Wenn morgen die Sonne scheint, gehen wir schwimmen" sei dann falsch, wenn morgen tatsächlich die Sonne scheint, und die mit „wir" bezeichneten Personen nicht schwimmen gehen. Für die Fälle 2. und 4. unseres Schemas hat die Umgangssprache über Wahrheit und Falschheit des Satzes „wenn B, so A" nicht entschieden; sie verlangt außerdem einen sachlichen Zusammenhang des Inhalts beider Teilsätze, einen kausalen oder logischen Bezug, der uns dazu berechtigen würde, aus der Wahrheit von B auf die von A zu schließen. Der Fregesche Bedingungsstrich will aber gar nicht die umgangssprachliche „wenn-so"-Verknüpfung abbilden oder gar übersetzen; sondern Frege trifft eine für die Zwecke der Logik geeignete Festsetzung[36].

Nach der Form

(1)   „Wenn B, so A",

heute auch „Subjunktion" genannt[37], definiert Frege diejenige Aussageverknüpfung, die nur den Fall 1. ausschließt:

(2)   „Wenn B, so nicht A"

heute auch „Negatadjunktion" genannt, weil die Satzform

„Nicht B oder nicht A"

---

[35] Vgl. die Besprechung des Textes in W. und $M. Kneale$, „The Development of Logic", 1962, S. 478—483.

[36]   Hierzu vgl. „Begriffsschrift", S. 6 f.; „Grundgesetze", I, S. 25.

[37] Hierzu vgl. $P. Lorenzen$, „Formale Logik", Sammlung Göschen 1176/1176a, 1958, bes. S. 45 ff. Für „Aussageverknüpfung" wird dort der Terminus „Junktor" benutzt.

ihr logisch äquivalent ist. (Zwei zweistellige „Gedankengefüge"
sind einander logisch äquivalent, wenn sie dieselben der unter 1.
bis 4. genannten Fälle bejahen bzw. verneinen.)
Es folgen, auf S. 12 der „Begriffsschrift",

(3)   „Wenn nicht B, so A" ⊢——┬——A
                                              └—┬—B

die sog. „Adjunktion", die umgangssprachlich ungefähr durch das
(„nicht ausschließende") „oder" wiedergegeben werden kann:

„A oder B, möglicherweise beides", sowie

(4)   „Nicht (wenn B, so nicht A)", ⊢—┬—┬——A
                                                     └——B

die sog. „Konjunktion", sehr nahe dem umgangssprachlichen
„A und B".
Das „ausschließende" „oder" — „A oder B, aber nicht beides" —
kann nun ersichtlich sofort als die Konjunktion von Adjunktion
und Negatadjunktion definiert werden:

(5)   „Nicht: Wenn (wenn B, so nicht A),
         so nicht (Wenn nicht B, so A)"

in Formeln:

Die Bedeutung der Formel (5), der heute sog. „Bisubtraktion",
wird freilich klarer, wenn man sie so formuliert:

(5')   „(Nicht B oder nicht A) und (B oder A)";

dies wird man sofort als „Entweder A oder B", oder als das
äquivalente „A oder B, aber nicht beides" erkennen. Es ist hier
anzumerken, daß die logische Äquivalenz von (5) und (5') bei
inhaltlicher Betrachtung der umgangssprachlichen Formulie-
rungen nur einem sehr für Logik begabten Menschen einleuchten
wird. Innerhalb einer Formelsprache kann sie aber ohne Mühe
nachgewiesen werden; die Bedingungen für das „Calculemus!",
das Leibniz zur Beilegung philosophischer Differenzen empfiehlt,
sind für den Bereich der Aussagenlogik realisiert.
Auf S. 13 der „Begriffsschrift" werden noch folgende beide Aus-
sagenverknüpfungen definiert:

(6)   „Nicht (wenn B, so A)" ⊢—┬——┬——A
                                                └——B

heute auch „Subtraktion" genannt, und äquivalent zu „Nicht A und B", sowie

(7)   „Nicht (wenn nicht B, dann A)" $\vdash\!\!\!\top\!\!\!\top\!\!\!-A$ $-\!\!\top B$

heute unter dem Namen der „Negatkonjunktion" bekannt und umgangssprachlich annähernd mit „Nicht A und nicht B" oder „Beides nicht" wiederzugeben.

Frege sagt ausdrücklich (S. 12), man könne statt der Zeichen der Bedingtheit und der Verneinung auch die der Konjunktion und der Verneinung als Basis wählen und mit ihrer Hilfe die übrigen Verknüpfungen erklären. Tatsächlich wäre „und", wie *Kneale* in seiner Besprechung auch hervorhebt — aber so, als ob Frege das selbst sagte —, besonders vorteilhaft, weil die Differenzen der Bedeutung von (4) und des umgangssprachlichen „A und B" weit geringer sind als in den übrigen Fällen. Frege hatte aber den wichtigen Grund für die Auswahl des Bedingungszeichens, daß er auf diese Weise seine einzige „Schlußregel" den sog. „modus ponens"

„Aus $\vdash\!\!\!\top\!\!-A$ $\quad\llcorner B$ und $\vdash\!\!\!-\!\!\!-B$ darf man auf $\vdash\!\!\!-\!\!\!-A$ schließen"

sehr viel durchsichtiger formulieren und bequemer anwenden konnte. (Hierzu vgl. S. 13 der „Begriffsschrift" und „Grundgesetze" I, S. 25).

In den „Grundgesetzen der Arithmetik" (1893) führt Frege genau wie in der „Begriffsschrift" zunächst (1) ein; danach aber (6), (4), (7) und (3) der „Begriffsschrift" in dieser Reihenfolge. Die Verknüpfungen (2) und (5) werden hier gar nicht erwähnt; Freges Darlegung der Sache nimmt denn auch nur knapp eineinhalb Druckseiten in Anspruch.

Schon die Verschiedenheit der beiden in den verschiedenen Büchern vorgeführten Gruppen im Hinblick auf ihre Elemente und deren Reihenfolge läßt vermuten, daß Frege beide Male nicht anstrebte, eine systematische Übersicht über alle möglichen verschiedenen zweistelligen Aussageverknüpfungen vorzulegen, oder ihre Erzeugung durch schrittweisen Aufbau aus vorgegebenen Grundverknüpfungen darzustellen.

Es läßt sich auch in beiden Fällen kein plausibles Prinzip angeben, nach welchem Frege sich hinsichtlich der Reihenfolge der Aufzählung seiner Gedankengefüge gerichtet haben möchte. Hierfür wäre wohl besonders der Gedanke der „Natürlichkeit", d. i. der umgangssprachlichen Vertrautheit, danach auch der Gedanke der strukturellen Einfachheit in Frage gekommen.

Im ersten Falle hätte Frege in der „Begriffsschrift" die „oder"-Verknüpfung sowie die „und"-Verknüpfung, also Adjunktion und Konjunktion — (3) und (4) unserer Übersicht — vor der ungebräuchlichen Negatadjunktion (2) anführen müssen. In den „Grundgesetzen" hätten (4) vor (6), und (3) vor (7) einhergehen müssen, wenn „Natürlichkeit" das Reihenprinzip gewesen wäre. Hätte Frege dagegen die strukturelle Einfachheit als Reihenprinzip berücksichtigt, so wäre in der „Begriffsschrift" (6) vor (4), und wären jedenfalls (6) und (7) vor (5) einzureihen gewesen. In dem einschlägigen Passus der „Grundgesetze" geht allerdings die mit nur einem Negationsstrich (und dem Bedingungszeichen) gebildete Formel (6) den mit zwei Verneinungsstrichen versehenen Formeln (4) und (7) voraus. Jedoch sagt der Text nicht ganz eindeutig, ob (3), die Adjunktion, als mit einem oder mit drei Negationsstrichen versehen zu denken ist. Jedenfalls würde man auch hier gern wissen, warum Frege (2) und (5) nicht berücksichtigt. Denn sonst bleibt nur die Annahme übrig, Frege habe die von ihm vorgeführten zweistelligen Junktoren, mit Kant zu reden, „rhapsodistisch ... aufgerafft, wie sie ihm aufstießen"[38].

Demgegenüber rückt nun unser Aufsatz „Gedankengefüge" sowohl die schrittweise Aufschichtung der Aussageverknüpfungen aus einer Ausgangsverknüpfung in den Vordergrund, wie auch den Gesichtspunkt eines systematischen Zusammenhangs unter den sechs von Frege angegebenen „Gedankengefügen". Frege bezeichnet das System dieser sechs Aussageformen als ein „abgeschlossenes Ganzes" (S. 48). Ein weiterer Unterschied gegenüber den beiden früheren Darstellungen liegt darin, daß als Grundverknüpfung jetzt tatsächlich die Konjunktion zur Negation tritt, wie schon in der „Begriffsschrift" (S. 12) als Möglichkeit angedeutet wurde. Wir sagten oben, daß Frege die Subjunktion aus deduktionstechnischen Gründen bevorzugt hatte; hier, wo es mehr um eine Philosophie der Logik als um logische Ableitungen geht, mußte der Vorteil umgangssprachlicher Vertrautheit den Ausschlag für „und" geben.

Frege gibt zuerst die Grundform „A und B" vor, die (4) äquivalent ist, hier mit (I) bezeichnet wird. Durch Anwendung der Verneinung auf (I) erhält man die Negatadjunktion (2), hier (II). Verneint man nun anstatt des ganzen (I) vielmehr nur die beiden Teilgedanken A und B, so ergibt sich (III), die Negatkonjunktion „Nicht A und nicht B", also (7) der „Begriffsschrift". Wird wiederum (III) als Ganzes verneint, so bekommen wir „Nicht (nicht A und nicht B)" (IV), was mit „A oder B" logisch äquivalent ist und (3), der Adjunktion, entspricht. Wird nur eines der Glieder der Konjunktion verneint, so erhalten wir (V) „Nicht

[38] *I. Kant*, „Kritik der reinen Vernunft" A 81, B 106/7.

A und *B*", die Subtraktion (6) unserer vorigen Übersicht. Die Verneinung von (V) schließlich erzeugt unsere gute Bekannte, die Formel (1); denn „Nicht (nicht *A* und *B*)" ist offenbar logisch äquivalent der Grundformel der „Begriffsschrift": „Wenn *B*, so *A*".

Von den in der Begriffsschrift genannten Verknüpfungen fehlt hier nur (5), die Bisubtraktion, das („ausschließende") „oder".

Freges Behauptung, die zweistelligen Gedankengefüge (I)—(VI) bildeten ein „abgeschlossenes Ganzes", kann heute nicht viel Anklang finden. Im Hinblick auf solche Dinge wie ein System von Gedankengefügen würden wir heute sofort zwei Fragen stellen:

1. Wieviele logisch verschiedene Gedankengefüge kann es für n vorgegebene Aussagen geben? und

2. Welche Basis von Grundverknüpfungen reicht aus, sämtliche n-stelligen Gedankengefüge aus den Variablen A_1 bis A_n aufzubauen?

Frege behauptet wahrheitsgemäß, aber ohne einen Beweis anzudeuten, daß jedes Gedankengefüge mit beliebig vielen Variablen durch das Negationszeichen und das Konjunktionszeichen dargestellt werden kann (S. 51). Er betont auch, daß es mit „wenn-so" bzw. „oder" an Stelle des „und" ebensogut gehe (S. 48). Strenge Beweise für diese sog. „funktionale Vollständigkeit" der angegebenen Mengen von Junktoren sind erst nach dem ersten Weltkrieg von *E. L. Post* und anderen gegeben worden[39].

Die unter 1. genannte Frage hat Frege jedoch in keinem der uns vorliegenden Texte berührt. Die leicht zu gewinnende Einsicht, daß es für n Variable stets 2^{2^n}, also für den Fall $n = 2$ insgesamt 16 zweistellige Junktoren geben muß, spielt in seinen Überlegungen keine Rolle. Warum hat nun Frege anstatt sechzehn nur sechs zweistellige Gedankengefüge gebildet und von diesen behauptet, sie bildeten ein abgeschlossenes Ganzes? Zur Beantwortung dieser Frage sind wir teils auf Vermutungen angewiesen, teils können wir gewisse andeutende Bemerkungen Freges benutzen.

Zunächst: von den 16 Verknüpfungen fallen zwei als Grenzfälle aus, da sie sämtliche Möglichkeiten 1. bis 4. ausschließen bzw. behaupten. Im ersten Falle handelt es sich um die Kontradiktion, etwa „(*A* und *B*) und (nicht *A* und nicht *B*)", und im zweiten um die Tautologie, die z.B. durch Verneinung der angegebenen

---

[39] Zur Frage der „funktionalen Vollständigkeit" vgl. auch *H. Arnold Schmidt*, „Mathematische Gesetze der Logik" I, 1960, §§ 38 und 39, S. 92—98; *P. Lorenzen*, „Formale Logik", 1958, S. 50—56; *H. Hermes*, „Einführung in die mathematische Logik", 1964, S. 44.

Kontradiktion entsteht. Vier weitere Gedankengefüge könnte man deshalb ausscheiden, weil ihre Wahrheit lediglich von Wahrheit und Falschheit eines der verknüpften Gedanken abhängt. So ist etwa „(A oder nicht B) und (nicht A oder nicht B)" mit „Nicht B" logisch äquivalent. Entsprechende Formeln, die „A", „nicht A", bzw. „B" äquivalent sind, lassen sich leicht bilden. Da die jeweils übrige Satzvariable in solchen Formeln wie ein leerlaufendes Rad bloß mitgeschleppt wird, könnte man geneigt sein, sie in einer Aufstellung zu vernachlässigen (ähnlich wie Aristoteles die sog. „Subalternationsschlüsse", z. B. ,Barbari', ,Celaront' usw., in seiner Syllogistik nicht berücksichtigt hat — wodurch er aber das System der Syllogistik verdunkelte). Dann blieben aber statt sechs immer noch zehn ernst zu nehmende Gedankengefüge übrig.

Zu den vier von Frege hier vernachlässigten Gedankengefügen gehört natürlich auch (5), die Bisubtraktion „Entweder A oder B". Aus dieser ergibt sich durch Verneinung des Ganzen sofort die Bisubjunktion, die genau die Fälle ausschließt, die (5) zuläßt, nämlich 2. und 3. unserer Übersicht. Die Bisubjunktion von A und B ist genau dann wahr, wenn A und B beide wahr oder beide falsch sind. Das kann man durch „Genau wenn B, dann A" ausdrücken. Zu diesen beiden Verknüpfungen müßten noch, um die Zehn vollzumachen, zwei weitere Junktoren treten: „Wenn A, dann B" und „A und nicht B". Da sich diese Verknüpfungen von der Subjunktion — (1) bzw. (VI) — und der Subtraktion — (6) bzw. (V) — nur dadurch unterscheiden, daß A und B in ihnen die Plätze vertauschen, nennt man sie die „konverse Subjunktion" und die „konverse Subtraktion". Wiederum ergeben sich beide Verknüpfungen durch Negation des Ganzen auseinander.

Daß Frege nun die konverse Subtraktion und die konverse Subjunktion nicht eigens anführt, läßt sich aus seiner Bemerkung (S. 86f.) motivieren, nach der diese konversen Formen gegenüber (6) und (1) — bzw. (V) und (VI) — „nichts Neues" ergeben. Da über die Wahl bestimmter Sätze als Belegungen der Variablen A und B nichts ausgemacht ist, könnten wir ja stets B und A gegeneinander austauschen. Hiergegen ist jedoch einzuwenden, daß eine solche Auffassung nur so lange zulässig ist, als nicht erlaubt wird, die Formen I—VI selbst wiederum miteinander zu verbinden. Denn dann treten Formen wie „Wenn (wenn A, so B), so (wenn B, so A)" auf; und solche Formen können ohne Zuhilfenahme auch der konversen Subjunktion nicht erklärt werden.

Im Hinblick auf Bisubjunktion und Bisubtraktion hat Frege keine Gründe genannt, die ihren Ausschluß verständlich machen könnten. Ich vermute, daß er sie als solche Formen ansah, die durch erneute Anwendung von (I) bzw. (3) auf (II) und (IV) bzw. (bei der Bisubjunktion) durch Anwendung von (I) auf (VI) und die Konverse zu (VI) erzeugt werden können und darum nicht eigens aufgeführt zu werden brauchen. In beiden Formeln hätten *A* und *B* je zweimal auftreten müssen; es könnte Frege die Ansicht vorgeschwebt haben, in diesen Formeln habe man es mit pathologischen Fällen vierstelliger Gedankengefüge zu tun, die bei der Zusammenstellung echter zweistelliger Gedankengefüge keine Erwähnung verdienen. Wie immer es damit stehen mag: wir sehen, daß Frege offenbar eine Reihe von Gedankengängen nicht durchlaufen hat, die uns heute selbstverständlich vorkommen, — wobei es freilich wiederum selbstverständlich sein sollte, hinzuzufügen, daß wir die Klarheit, mit der wir heute sprechen können, den Arbeiten Freges mehr als denen irgendeines anderen Autors verdanken.

III. *Vorbemerkung zur Textfassung*

Die Rechtschreibung und Zeichensetzung der Texte ist gegenüber den Erstdrucken ohne Pedanterie der heutigen Übung angeglichen; offenbare Versehen und Druckfehler sind stillschweigend verbessert. Bei den drei Aufsätzen aus den „Beiträgen", die in Fraktur gedruckt sind, mußte Antiquaschrift durch Kursivschrift ersetzt werden. Bei den übrigen Schriften ist Kursivdruck beibehalten worden. Sperrungen wurden überall durch Kursivdruck wiedergegeben.
In „Gedankengefüge" hat Frege die Anführungszeichen nach dem Grundsatz gesetzt, daß *A* für einen Gedanken, „*A*" für den Satz steht, der den Gedanken ausdrückt. *A* und *B* steht für das Gedankengefüge aus *A* und *B*, „*A* und *B*" für den Satz aus den Teilsätzen „*A*" und „*B*". Hierzu verweise ich auf Freges Anm. S. 76 u. 86. Ein entsprechendes Prinzip für die Verwendung von eckigen, runden und fetten Klammern in demselben Aufsatz scheint sich nicht angeben zu lassen; als Klammern zweiter Ordnung treten sowohl fette Klammern wie eckige Klammern auf, wobei die letzteren auch als Klammern erster Ordnung Verwendung finden. Neben „*A* und nicht *B*" schreibt Frege auch „[*A* und (nicht *B*)]", ohne daß ein Unterschied sichtbar wäre. Hier Ordnung zu schaffen empfahl sich nicht; die fette Klammer ist überall durch gewöhnliche Klammern ersetzt worden.
Zusätze und Anmerkungen des Herausgebers erscheinen stets in eckigen Klammern. Was — außer den Untertiteln — nicht in eckigen Klammern steht, ist Freges Text. Die Seitenzahl der Erstdrucke ist zur Erleichterung des Zitierens am Rand beigegeben.

DER GEDANKE · EINE LOGISCHE UNTERSUCHUNG

(Beitr. zur Philos. des deutschen Idealismus 2 1918—1919, S. 58—77*)

Wie das Wort „schön" der Ästhetik und „gut" der Ethik, so weist „wahr" der Logik die Richtung. Zwar haben alle Wissenschaften Wahrheit als Ziel; aber die Logik beschäftigt sich noch in ganz anderer Weise mit ihr. Sie verhält sich zur Wahrheit etwa so wie die Physik zur Schwere oder zur Wärme. Wahrheiten zu entdecken, ist Aufgabe aller Wissenschaften: der Logik kommt es zu, die Gesetze des Wahrseins zu erkennen. Man gebraucht das Wort „Gesetz" in doppeltem Sinne. Wenn wir von Sittengesetzen und Staatsgesetzen sprechen, meinen wir Vorschriften, die befolgt werden sollen, mit denen das Geschehen nicht immer im Einklange steht. Die Naturgesetze sind das Allgemeine des Naturgeschehens, dem dieses immer gemäß ist. Mehr in diesem Sinne spreche ich von Gesetzen des Wahrseins. Freilich handelt es sich hierbei nicht um ein Geschehen, sondern um ein Sein. Aus den Gesetzen des Wahrseins ergeben sich nun Vorschriften für das Fürwahrhalten, das Denken, Urteilen, Schließen. Und so spricht man wohl auch von Denkgesetzen. Aber hierbei liegt die Gefahr nahe, Verschiedenes zu vermischen. Man versteht vielleicht das Wort „Denkgesetz" ähnlich wie „Naturgesetz" und meint dabei das Allgemeine im seelischen Geschehen des Denkens. Ein Denkgesetz in diesem Sinne wäre ein psychologisches Gesetz. Und so kann man zu der Meinung kommen, es handle sich in der Logik um den seelischen Vorgang des Denkens und um die psychologischen Gesetze, nach denen es geschieht. Aber damit wäre die Aufgabe der Logik verkannt; denn hierbei erhält die Wahrheit nicht die ihr gebührende Stellung. Der Irrtum, der Aberglaube hat ebenso seine Ursachen wie die richtige Erkenntnis. Das Fürwahrhalten des Falschen und das Fürwahrhalten des Wahren kommen beide nach psychologischen Gesetzen zustande. Eine Ableitung aus diesen und eine Erklärung eines seelischen Vorganges, der in ein Fürwahrhalten ausläuft, kann nie einen Beweis dessen ersetzen, auf das sich dieses Fürwahrhalten bezieht. Können bei diesem seelischen Vorgange nicht auch logische Gesetze be-

---

* [Der Aufsatz erschien in Heft 2 des 1. Jg.s, das 1918 ausgeliefert wurde; vgl. Blätter f. dt. Philos. 1, 1927, S. 132. Hrsg.]

teiligt gewesen sein? Ich will das nicht bestreiten; aber wenn es sich um Wahrheit handelt, kann die Möglichkeit nicht genügen. Möglich, daß auch Nichtlogisches beteiligt gewesen ist und von der Wahrheit abgelenkt hat. Erst nachdem wir die Gesetze des Wahrseins erkannt haben, können wir das entscheiden; dann aber werden wir die Ableitung und Erklärung des seelischen Vorganges wahrscheinlich entbehren können, wenn es uns darauf ankommt zu entscheiden, ob das Fürwahrhalten, in das es ausläuft, gerechtfertigt ist. Um jedes Mißverständnis auszuschließen und die Grenze zwischen Psychologie und Logik nicht verwischen zu lassen, weise ich der Logik die Aufgabe zu, die Gesetze des Wahrseins zu finden, nicht die des Fürwahrhaltens oder Denkens. In den Gesetzen des Wahrseins wird die Bedeutung des Wortes „wahr" entwickelt.

Zunächst aber will ich ganz im Rohen die Umrisse dessen zu zeichnen versuchen, was ich in diesem Zusammenhange wahr nennen will. So mögen denn Gebrauchsweisen unseres Wortes abgelehnt werden, die abseits liegen. Es soll hier nicht in dem Sinne von „wahrhaftig" oder „wahrheitsliebend" gebraucht werden, noch auch so, wie es manchmal bei der Behandlung von Kunstfragen vorkommt, wenn z. B. von Wahrheit in der Kunst die Rede ist, wenn Wahrheit als Ziel der Kunst hingestellt wird, wenn von der Wahrheit eines Kunstwerkes oder von wahrer Empfindung gesprochen wird. Man setzt auch das Wort „wahr" einem andern Worte vor, um zu sagen, daß man dieses Wort in seinem eigentlichen, unverfälschten Sinne verstanden wissen wolle. Auch diese Gebrauchsweise liegt nicht auf dem hier verfolgten Wege; sondern gemeint ist die Wahrheit, deren Erkenntnis der Wissenschaft als Ziel gesetzt ist.

Das Wort „wahr" erscheint sprachlich als Eigenschaftswort. Dabei entsteht der Wunsch, das Gebiet enger abzugrenzen, auf dem die Wahrheit ausgesagt werden, wo überhaupt Wahrheit in Frage kommen könne. Man findet die Wahrheit ausgesagt von Bildern, Vorstellungen, Sätzen und Gedanken. Es fällt auf, daß hier sichtbare und hörbare Dinge zusammen mit Sachen vorkommen, die nicht mit den Sinnen wahrgenommen werden können. Das deutet darauf hin, daß Verschiebungen des Sinnes vorgekommen sind. In der Tat! Ist denn ein Bild als bloßes sichtbares, tastbares Ding eigentlich wahr? und ein Stein, ein Blatt ist nicht wahr? Offenbar würde man das Bild nicht wahr nennen, wenn nicht eine Absicht dabei wäre. Das Bild soll etwas darstellen. Auch die Vorstellung wird nicht an sich wahr genannt, sondern nur im Hinblick auf eine Absicht, daß sie mit etwas übereinstimmen solle. Danach kann man vermuten, daß die Wahrheit in einer Übereinstimmung eines

Bildes mit dem Abgebildeten bestehe. Eine Übereinstimmung ist eine Beziehung. Dem widerspricht aber die Gebrauchsweise des Wortes „wahr", das kein Beziehungswort ist, keinen Hinweis auf etwas anderes enthält, mit dem etwas übereinstimmen solle. Wenn ich nicht weiß, daß ein Bild den Kölner Dom darstellen solle, weiß ich nicht, womit ich das Bild vergleichen müsse, um über seine Wahrheit zu entscheiden. Auch kann eine Übereinstimmung ja nur dann vollkommen sein, wenn die übereinstimmenden Dinge zusammenfallen, also gar nicht verschiedene Dinge sind. Man soll die Echtheit einer Banknote prüfen können, indem man sie mit einer echten stereoskopisch zur Deckung zu bringen sucht. Aber der Versuch, ein Goldstück mit einem Zwanzigmarkschein stereoskopisch zur Deckung zu bringen, wäre lächerlich. Eine Vorstellung mit einem Dinge zur Deckung zu bringen, wäre nur möglich, wenn auch das Ding eine Vorstellung wäre. Und wenn dann die erste mit der zweiten vollkommen übereinstimmt, fallen sie zusammen. Aber das will man gerade nicht, wenn man die Wahrheit als Übereinstimmung einer Vorstellung mit etwas Wirklichem bestimmt. Dabei ist es gerade wesentlich, daß das Wirkliche von der Vorstellung verschieden sei. Dann aber gibt es keine vollkommene Übereinstimmung, keine vollkommene Wahrheit. Dann wäre überhaupt nichts wahr; denn was nur halb wahr ist, ist unwahr. Die Wahrheit verträgt kein Mehr oder Minder. Oder doch? Kann man nicht festsetzen, daß Wahrheit bestehe, wenn die Übereinstimmung in einer gewissen Hinsicht stattfinde? Aber in welcher? Was müßten wir dann aber tun, um zu entscheiden, ob etwas wahr wäre? Wir müßten untersuchen, ob es wahr wäre, daß — etwa eine Vorstellung und ein Wirkliches — in der festgesetzten Hinsicht übereinstimmten. Und damit ständen wir wieder vor einer Frage derselben Art, und das Spiel könnte von neuem beginnen. So scheitert dieser Versuch, die Wahrheit als eine Übereinstimmung zu erklären. So scheitert aber auch jeder andere Versuch, das Wahrsein zu definieren. Denn in einer Definition gäbe man gewisse Merkmale an. Und bei der Anwendung auf einen besonderen Fall käme es dann immer darauf an, ob es wahr wäre, daß diese Merkmale zuträfen. So drehte man sich im Kreise. Hiernach ist es wahrscheinlich, daß der Inhalt des Wortes „wahr" ganz einzigartig und undefinierbar ist.

Wenn man Wahrheit von einem Bilde aussagt, will man eigentlich keine Eigenschaft aussagen, welche diesem Bilde ganz losgelöst von anderen Dingen zukäme, sondern man hat dabei immer noch eine ganz andere Sache im Auge, und man will sagen, daß jenes Bild mit dieser Sache irgendwie übereinstimme. „Meine Vorstellung stimmt mit dem Kölner Dome überein" ist ein Satz, und es handelt sich nun um die Wahrheit dieses Satzes. So wird, was man wohl mißbräuchlich Wahrheit von Bildern und Vorstellungen nennt, auf die Wahrheit von Sätzen zurückgeführt. Was nennt man einen Satz? Eine Folge von Lauten; aber nur dann, wenn sie einen Sinn hat, womit nicht gesagt sein soll, daß jede sinnvolle Folge von Lauten ein Satz sei. Und wenn wir einen Satz wahr nennen, meinen wir eigentlich seinen Sinn. Danach ergibt sich als dasjenige, bei dem das Wahrsein überhaupt in Frage kommen kann, der Sinn eines Satzes. Ist nun der Sinn eines Satzes eine Vorstellung? Jedenfalls besteht das Wahrsein nicht in der Übereinstimmung dieses Sinnes mit etwas anderem; denn sonst wiederholte sich die Frage nach dem Wahrsein ins Unendliche.

Ohne damit eine Definition geben zu wollen, nenne ich Gedanken etwas, bei dem überhaupt Wahrheit in Frage kommen kann. Was falsch ist, rechne ich also ebenso zu den Gedanken, wie das, was wahr ist[1]. Demnach kann ich sagen: der Gedanke ist der Sinn eines Satzes, ohne damit behaupten zu wollen, daß der Sinn jedes Satzes ein Gedanke sei. Der an sich unsinnliche Gedanke kleidet sich in das sinnliche Gewand des Satzes und wird uns damit faßbarer. Wir sagen, der Satz drücke einen Gedanken aus.

Der Gedanke ist etwas Unsinnliches, und alle sinnlich wahrnehmbaren Dinge sind von dem Gebiete dessen auszuschließen, bei dem überhaupt Wahrheit in Frage kommen kann. Wahrheit ist nicht eine Eigenschaft, die einer besonderen Art von Sinneseindrücken entspricht. So unterscheidet sie sich scharf von Eigenschaften, die wir mit den Wörtern „rot", „bitter", „fliederduftend" benennen. Aber sehen wir nicht, daß die Sonne aufgegangen ist? und sehen wir nicht damit auch, daß dies wahr ist? Daß die Sonne aufgegangen ist, ist kein Gegenstand, der Strahlen aussendet, die in mein Auge gelangen, ist kein sichtbares Ding wie die Sonne selbst. Daß die Sonne aufgegangen ist, wird auf Grund von Sinneseindrücken als wahr erkannt. Dennoch ist das Wahrsein keine

---

[1] In ähnlicher Weise hat man etwa gesagt: „Ein Urteil ist etwas, was entweder wahr oder falsch ist." In der Tat gebrauche ich das Wort „Gedanke" ungefähr in dem Sinne von „Urteil" in den Schriften der Logiker. Warum ich „Gedanke" vorziehe, wird im folgenden hoffentlich erkennbar werden. Man hat eine solche Erklärung getadelt, weil darin eine Einteilung in wahre und falsche Urteile gegeben werde, eine Einteilung, welche von allen möglichen Einteilungen der Urteile vielleicht die am wenigsten bedeutsame sei. Daß mit der Erklärung zugleich eine Einteilung gegeben werde, kann ich als logischen Mangel nicht anerkennen. Was die Bedeutsamkeit betrifft, so wird man sie doch wohl nicht gering schätzen dürfen, wenn das Wort „wahr", wie ich gesagt habe, der Logik die Richtung weist.

sinnlich wahrnehmbare Eigenschaft. Auch das Magnetischsein wird auf Grund von Sinneseindrücken an einem Dinge erkannt, obwohl dieser Eigenschaft ebensowenig wie der Wahrheit eine besondere Art von Sinneseindrücken entspricht. Darin stimmen diese Eigenschaften überein. Um aber einen Körper als magnetisch zu erkennen, haben wir Sinneseindrücke nötig. Wenn ich es dagegen wahr finde, daß ich in diesem Augenblick nichts rieche, so tue ich das nicht auf Grund von Sinneseindrücken.

Immerhin gibt es zu denken, daß wir an keinem Dinge eine Eigenschaft erkennen können, ohne damit zugleich den Gedanken, daß dieses Ding diese Eigenschaft habe, wahr zu finden. So ist mit jeder Eigenschaft eines Dinges eine Eigenschaft eines Gedankens verknüpft, nämlich die der Wahrheit. Beachtenswert ist es auch, daß der Satz „ich rieche Veilchenduft" doch wohl denselben Inhalt hat wie der Satz „es ist wahr, daß ich Veilchenduft rieche". So scheint denn dem Gedanken dadurch nichts hinzugefügt zu werden, daß ich ihm die Eigenschaft der Wahrheit beilege. Und doch! ist es nicht ein großer Erfolg, wenn nach langem Schwanken und mühsamen Untersuchungen der Forscher schließlich sagen kann „was ich vermutet habe, ist wahr"? Die Bedeutung des Wortes „wahr" scheint ganz einzigartig zu sein. Sollten wir es hier mit etwas zu tun haben, was in dem sonst üblichen Sinne gar nicht Eigenschaft genannt werden kann? Trotz diesem Zweifel will ich mich zunächst noch dem Sprachgebrauche folgend so ausdrücken, als ob die Wahrheit eine Eigenschaft wäre, bis etwas Zutreffenderes gefunden sein wird.

Um das, was ich Gedanken nennen will, schärfer herauszuarbeiten, unterscheide ich Arten von Sätzen[2]. Einem Befehlssatze wird man einen Sinn nicht absprechen wollen; aber dieser Sinn ist nicht derart, daß Wahrheit bei ihm in Frage kommen könnte. Darum werde ich den Sinn eines Befehlssatzes nicht Gedanken nennen. Ebenso sind Wunsch- und Bittsätze auszuschließen. In Betracht kommen können Sätze, in denen wir etwas mitteilen oder behaupten. Aber Ausrufe, in denen man seinen Gefühlen Luft macht, Stöhnen, Seufzen, Lachen rechne ich nicht dazu, es sei denn, daß sie durch besondere Verabredung dazu bestimmt sind, etwas mitzuteilen. Wie ist es aber bei den Fragesätzen? In einer Wortfrage sprechen wir einen unvollständigen Satz aus, der erst durch die Ergänzung, zu der wir auffordern, einen wahren Sinn

---

[2] Ich gebrauche das Wort „Satz" hier nicht ganz im Sinne der Grammatik, die auch Nebensätze kennt. Ein abgesonderter Nebensatz hat nicht immer einen Sinn, bei dem Wahrheit in Frage kommen kann, während das Satzgefüge, dem er angehört, einen solchen Sinn hat.

erhalten soll. Die Wortfragen bleiben hier demnach außer Betracht. Anders ist es bei den Satzfragen. Wir erwarten „ja" zu hören oder „nein". Die Antwort „ja" besagt dasselbe wie ein Behauptungssatz; denn durch sie wird der Gedanke als wahr hingestellt, der im Fragesatz schon vollständig enthalten ist. So kann man zu jedem Behauptungssatz eine Satzfrage bilden. Ein Ausruf ist deshalb nicht als Mitteilung anzusehen, weil keine entsprechende Satzfrage gebildet werden kann. Fragesatz und Behauptungssatz enthalten denselben Gedanken; aber der Behauptungssatz enthält noch etwas mehr, nämlich eben die Behauptung. Auch der Fragesatz enthält etwas mehr, nämlich eine Aufforderung. In einem Behauptungssatz ist also zweierlei zu unterscheiden: der Inhalt, den er mit der entsprechenden Satzfrage gemein, hat und die Behauptung. Jener ist der Gedanke oder enthält wenigstens den Gedanken. Es ist also möglich, einen Gedanken auszudrücken, ohne ihn als wahr hinzustellen. In einem Behauptungssatze ist beides so verbunden, daß man die Zerlegbarkeit leicht übersieht. Wir unterscheiden demnach

1. das Fassen des Gedankens — das Denken,

2. die Anerkennung der Wahrheit eines Gedankens — das Urteilen[3],

3. die Kundgebung dieses Urteils — das Behaupten.

Indem wir eine Satzfrage bilden, haben wir die erste Tat schon vollbracht. Ein Fortschritt in der Wissenschaft geschieht gewöhnlich so, daß zuerst ein Gedanke gefaßt wird, wie er etwa in einer Satzfrage ausgedrückt werden kann, worauf dann nach angestellten Untersuchungen dieser Gedanke zuletzt als wahr erkannt wird. In der Form des Behauptungssatzes sprechen wir die Anerkennung der Wahrheit aus. Wir brauchen dazu das Wort „wahr" nicht. Und selbst, wenn wir es gebrauchen, liegt die eigentlich behauptende Kraft nicht in ihm, sondern in der Form des Behauptungssatzes, und wo diese ihre behauptende Kraft ver-

---

[3] Mir scheint, man habe bisher nicht genug zwischen Gedanken und Urteil unterschieden. Die Sprache verleitet vielleicht dazu. Wir haben ja im Behauptungssatze keinen besonderen Satzteil, der dem Behaupten entspricht, sondern daß man etwas behaupte, liegt in der Form des Behauptungssatzes. Im Deutschen haben wir dadurch einen Vorteil, daß Hauptsatz und Nebensatz sich durch die Wortstellung unterscheiden. Dabei ist freilich zu beachten, daß auch ein Nebensatz eine Behauptung enthalten kann und daß oft weder der Hauptsatz für sich noch ein Nebensatz für sich, sondern erst das Satzgefüge einen vollständigen Gedanken ausdrückt.

liert, kann auch das Wort „wahr" sie nicht wieder herstellen. Das geschieht, wenn wir nicht im Ernste sprechen. Wie der Theaterdonner nur Scheindonner, das Theatergefecht nur Scheingefecht ist, so ist auch die Theaterbehauptung nur Scheinbehauptung. Es ist nur Spiel, nur Dichtung. Der Schauspieler in seiner Rolle behauptet nicht, er lügt auch nicht, selbst wenn er etwas sagt, von dessen Falschheit er überzeugt ist. In der Dichtung haben wir den Fall, daß Gedanken ausgedrückt werden, ohne daß sie trotz der Form des Behauptungssatzes wirklich als wahr hingestellt werden, obwohl es dem Hörer nahegelegt werden mag, selbst ein zustimmendes Urteil zu fällen. Also auch bei dem, was sich der Form nach als Behauptungssatz darstellt, ist immer noch zu fragen, ob es wirklich eine Behauptung enthalte. Und diese Frage ist zu verneinen, wenn der dazu nötige Ernst fehlt. Ob das Wort „wahr" dabei gebraucht wird, ist unerheblich. So erklärt es sich, daß dem Gedanken dadurch nichts hinzugefügt zu werden scheint, daß man ihm die Eigenschaft der Wahrheit beilegt.

Ein Behauptungssatz enthält außer einem Gedanken und der Behauptung oft noch ein Drittes, auf das sich die Behauptung nicht erstreckt. Das soll nicht selten auf das Gefühl, die Stimmung des Hörers wirken oder seine Einbildungskraft anregen. Wörter wie „leider", „gottlob" gehören hierher. Solche Bestandteile des Satzes treten in der Dichtung stärker hervor, fehlen aber auch in der Prosa selten ganz. In mathematischen, physikalischen, chemischen Darstellungen werden sie seltener sein als in geschichtlichen. Was man Geisteswissenschaft nennt, steht der Dichtung näher, ist darum aber auch weniger wissenschaftlich als die strengen Wissenschaften, die um so trockner sind, je strenger sie sind; denn die strenge Wissenschaft ist auf die Wahrheit gerichtet und nur auf die Wahrheit. Alle Bestandteile des Satzes also, auf die sich die behauptende Kraft nicht erstreckt, gehören nicht zur wissenschaftlichen Darstellung, sind aber manchmal auch für den schwer zu vermeiden, der die damit verbundene Gefahr sieht. Wo es darauf ankommt, sich dem gedanklich Unfaßbaren auf dem Wege der Ahnung zu nähern, haben diese Bestandteile ihre volle Berechtigung. Je strenger wissenschaftlich eine Darstellung ist, desto weniger wird sich das Volkstum ihres Urhebers bemerkbar machen, desto leichter wird sie sich übersetzen lassen. Dagegen erschweren die Bestandteile der Sprache, auf die ich hier aufmerksam machen möchte, die Übersetzung von Dichtungen sehr, ja machen eine vollkommene Übersetzung fast immer unmöglich; denn gerade in ihnen, auf denen der dichterische Wert zu einem großen Teile beruht, unterscheiden sich die Sprachen am meisten.

Ob ich das Wort „Pferd" oder „Roß" oder „Gaul" oder „Mähre" gebrauche, macht keinen Unterschied im Gedanken. Die behauptende Kraft erstreckt sich nicht auf das, wodurch sich diese Wörter unterscheiden. Was man Stimmung, Duft, Beleuchtung in einer Dichtung nennen kann, was durch Tonfall und Rhythmus gemalt wird, gehört nicht zum Gedanken.

Manches in der Sprache dient dazu, dem Hörer die Auffassung zu erleichtern, z. B. die Hervorhebung eines Satzgliedes durch Betonung oder Wortstellung. Man denke auch an Wörter wie „noch" und „schon". Mit dem Satze „Alfred ist noch nicht gekommen" sagt man eigentlich „Alfred ist nicht gekommen" und deutet dabei an, daß man sein Kommen erwartet; aber man deutet es eben nur an. Man kann nicht sagen, daß der Sinn des Satzes darum falsch sei, weil Alfreds Kommen nicht erwartet werde. Das Wort „aber" unterscheidet sich von „und" dadurch, daß man mit ihm andeutet, das Folgende stehe zu dem, was nach dem Vorhergehenden zu erwarten war, in einem Gegensatze. Solche Winke in der Rede machen keinen Unterschied im Gedanken. Man kann einen Satz umformen, indem man das Verb aus dem Aktiv ins Passiv umsetzt und zugleich das Akkusativ-Objekt zum Subjekte macht. Ebenso kann man den Dativ in den Nominativ umwandeln und zugleich „geben" durch „empfangen" ersetzen. Gewiß sind solche Umformungen nicht in jeder Hinsicht gleichgültig; aber sie berühren den Gedanken nicht, sie berühren das nicht, was wahr oder falsch ist. Wenn allgemein die Unzulässigkeit solcher Umformungen anerkannt würde, so wäre damit jede tiefere logische Untersuchung verhindert. Es ist ebenso wichtig, Unterscheidungen zu unterlassen, welche den Kern der Sache nicht berühren, wie Unterscheidungen zu machen, welche das Wesentliche betreffen. Was aber wesentlich ist, hängt von dem Zwecke ab. Dem auf das Schöne in der Sprache gerichteten Sinne kann gerade das wichtig erscheinen, was dem Logiker gleichgültig ist.

So überragt der Inhalt eines Satzes nicht selten den in ihm ausgedrückten Gedanken. Aber auch das Umgekehrte kommt oft vor, daß nämlich der bloße Wortlaut, welcher durch die Schrift oder den Phonographen festgehalten werden kann, zum Ausdruck des Gedankens nicht hinreicht. Das *Tempus Praesens* wird in zweifacher Weise gebraucht: erstens, um eine Zeitangabe zu machen, zweitens um jede zeitliche Beschränkung aufzuheben, falls Zeitlosigkeit oder Ewigkeit Bestandteil des Gedankens ist. Man denke z. B. an die Gesetze der Mathematik. Welcher der beiden Fälle stattfinde, wird nicht ausgedrückt, sondern muß erraten werden. Wenn mit dem *Praesens* eine Zeitangabe gemacht werden soll, muß man wissen, wann der Satz ausgesprochen worden ist, um den

Gedanken richtig aufzufassen. Dann ist also die Zeit des Sprechens Teil des Gedankenausdrucks. Wenn jemand heute dasselbe sagen will, was er gestern das Wort „heute" gebrauchend ausgedrückt hat, so wird er dieses Wort durch „gestern" ersetzen. Obwohl der Gedanke derselbe ist, muß hierbei der Wortausdruck verschieden sein, um die Änderung des Sinnes wieder auszugleichen, die sonst durch den Zeitunterschied des Sprechens bewirkt würde. Ähnlich liegt die Sache bei den Wörtern wie „hier", „da". In allen solchen Fällen ist der bloße Wortlaut, wie er schriftlich festgehalten werden kann, nicht der vollständige Ausdruck des Gedankens, sondern man bedarf zu dessen richtiger Auffassung noch der Kenntnis gewisser das Sprechen begleitender Umstände, die dabei als Mittel des Gedankenausdrucks benutzt werden. Dazu können auch Fingerzeige, Handbewegungen, Blicke gehören. Der gleiche das Wort „ich" enthaltende Wortlaut wird im Munde verschiedener Menschen verschiedene Gedanken ausdrücken, von denen einige wahr, andere falsch sein können.

Das Vorkommen des Wortes „ich" in einem Satze gibt noch zu einigen Fragen Veranlassung.

Es liege folgender Fall vor. Dr. Gustav Lauben sagt: „Ich bin verwundet worden". Leo Peter hört das und erzählt nach einigen Tagen: „Dr. Gustav Lauben ist verwundet worden". Drückt nun dieser Satz denselben Gedanken aus, den Dr. Lauben selbst ausgesprochen hat? Es werde angenommen, Rudolf Lingens sei anwesend gewesen, als Dr. Lauben gesprochen, und höre nun das, was Leo Peter erzählt. Wenn von Dr. Lauben und von Leo Peter derselbe Gedanke ausgesprochen worden ist, so muß Rudolf Lingens, der deutschen Sprache völlig mächtig und sich an das erinnernd, was in seiner Gegenwart Dr. Lauben gesagt hat, nun bei der Erzählung Leo Peters sofort wissen, daß von derselben Sache die Rede ist. Aber mit der Kenntnis der deutschen Sprache ist es eine eigene Sache, wenn es sich um Eigennamen handelt. Es kann leicht sein, daß nur wenige mit dem Satze „Dr. Lauben ist verwundet worden" einen bestimmten Gedanken verbinden. Zum vollen Verständnis gehört in diesem Falle die Kenntnis der Vokabel „Dr. Gustav Lauben". Wenn nun beide, Leo Peter und Rudolf Lingens, unter „Dr. Gustav Lauben" den Arzt verstehen, der in einer ihnen beiden bekannten Wohnung als der einzige Arzt wohnt, so verstehen beide den Satz „Dr. Gustav Lauben ist verwundet worden" in derselben Weise, sie verbinden mit ihm denselben Gedanken. Dabei ist es aber möglich, daß Rudolf Lingens den Dr. Lauben nicht persönlich kennt und nicht weiß, daß es eben der Dr. Lauben war, der neulich sagte: „Ich bin verwundet worden". In diesem Falle kann Rudolf Lingens nicht wissen, daß es sich um dieselbe Sache handelt. Darum sage ich in diesem Falle: der Gedanke, den Leo Peter kundgibt, ist nicht derselbe, den Dr. Lauben ausgesprochen hat.

Es werde weiter angenommen, Herbert Garner wisse, daß Dr. Gustav Lauben am 13. September 1875 in N. N. geboren ist und daß dies auf keinen anderen zutrifft; dagegen wisse er nicht, wo Dr. Lauben jetzt wohnt, noch sonst etwas von ihm. Andererseits wisse Leo Peter nicht, daß Dr. Gustav Lauben am 13. September 1875 in N. N. geboren ist. Dann sprechen Herbert Garner und Leo Peter, soweit der Eigenname „Dr. Gustav Lauben" in Betracht kommt, nicht dieselbe Sprache, obwohl sie in der Tat denselben Mann mit diesem Namen bezeichnen; denn daß sie das tun, wissen sie nicht. Herbert Garner verbindet also mit dem Satze „Dr. Gustav Lauben ist verwundet worden" nicht denselben Gedanken, den Leo Peter damit ausdrücken will. Um den Übelstand zu vermeiden, daß Herbert Garner und Leo Peter nicht dieselbe Sprache reden, nehme ich an, daß Leo Peter den Eigennamen „Dr. Lauben", Herbert Garner dagegen den Eigennamen „Gustav Lauben" gebraucht. Nun ist es möglich, daß Herbert Garner den Sinn des Satzes „Dr. Lauben ist verwundet worden" für wahr hält, während er, durch falsche Nachrichten irregeführt, den Sinn des Satzes „Gustav Lauben ist verwundet worden" für falsch hält. Unter den gemachten Annahmen sind diese Gedanken also verschieden.

Demnach kommt es bei einem Eigennamen darauf an, wie der, die oder das durch ihn Bezeichnete gegeben ist. Das kann in verschiedener Weise geschehen, und jeder solchen Weise entspricht ein besonderer Sinn eines Satzes, der den Eigennamen enthält. Die verschiedenen Gedanken, die sich so aus demselben Satze ergeben, stimmen freilich in ihrem Wahrheitswerte überein, d. h. wenn einer von ihnen wahr ist, sind sie alle wahr, und wenn einer von ihnen falsch ist, sind sie alle falsch. Dennoch ist ihre Verschiedenheit anzuerkennen. Es muß also eigentlich gefordert werden, daß mit jedem Eigennamen eine einzige Weise verknüpft sei, wie der, die oder das durch ihn Bezeichnete gegeben sei. Daß diese Forderung erfüllt werde, ist oft unerheblich, aber nicht immer.

Nun ist jeder sich selbst in einer besonderen und ursprünglichen Weise gegeben, wie er keinem anderen gegeben ist. Wenn nun Dr. Lauben denkt, daß er verwundet worden ist, wird er dabei wahrscheinlich diese ursprüngliche Weise, wie er sich selbst gegeben ist, zugrunde legen. Und den so bestimmten Gedanken kann nur Dr. Lauben selbst fassen. Nun aber wollte er anderen eine Mitteilung machen. Einen Gedanken, den nur er allein fassen kann, kann er nicht mitteilen. Wenn er nun also sagt: „Ich bin verwundet worden", muß er das „ich" in einem Sinn gebrauchen, der auch andern faßbar ist, etwa in dem Sinne von „derjenige, der in diesem Augenblicke zu euch spricht", wobei er die sein Sprechen begleitenden Umstände dem Gedankenausdrucke dienstbar macht[4].

Doch da kommt ein Bedenken. Ist das überhaupt derselbe Gedanke, den zuerst jener und nun dieser Mensch ausspricht?

Der von der Philosophie noch unberührte Mensch kennt zunächst Dinge, die er sehen, tasten, kurz, mit den Sinnen wahrnehmen kann, wie Bäume, Steine, Häuser, und er ist überzeugt, daß ein anderer denselben Baum, denselben Stein, den er selbst sieht und tastet, gleichfalls sehn und tasten kann. Zu diesen Dingen gehört ein Gedanke offenbar nicht. Kann er nun trotzdem den Menschen als derselbe gegenüberstehn wie ein Baum?

Auch der unphilosophische Mensch sieht sich bald genötigt, eine von der Außenwelt verschiedene Innenwelt anzuerkennen, eine Welt der Sinneseindrücke, der Schöpfungen seiner Einbildungskraft, der Empfindungen, der Gefühle und Stimmungen, eine Welt der Neigungen, Wünsche und Entschlüsse. Um einen kurzen Ausdruck zu haben, will ich dies mit Ausnahme der Entschlüsse unter dem Worte „Vorstellung" zusammenfassen.

Gehören nun die Gedanken dieser Innenwelt an? Sind sie Vorstellungen? Entschlüsse sind sie offenbar nicht.

Wodurch unterscheiden sich die Vorstellungen von den Dingen der Außenwelt? Zuerst:

> Vorstellungen können nicht gesehen oder getastet, weder gerochen, noch geschmeckt, noch gehört werden.

Ich mache mit einem Begleiter einen Spaziergang. Ich sehe eine grüne Wiese; ich habe dabei den Gesichtseindruck des Grünen. Ich habe ihn, aber ich sehe ihn nicht.

---

[4] Ich bin hier nicht in der glücklichen Lage eines Mineralogen, der seinen Zuhörern einen Bergkristall zeigt. Ich kann meinen Lesern nicht einen Gedanken in die Hände geben mit der Bitte, ihn von allen Seiten recht genau zu betrachten. Ich muß mich begnügen, den an sich unsinnlichen Gedanken in die sinnliche sprachliche Form gehüllt dem Leser darzubieten. Dabei macht die Bildlichkeit der Sprache Schwierigkeiten. Das Sinnliche drängt sich immer wieder ein und macht den Ausdruck bildlich und damit uneigentlich. So entsteht ein Kampf mit der Sprache, und ich werde genötigt, mich noch mit der Sprache zu befassen, obwohl das ja hier nicht meine eigentliche Aufgabe ist. Hoffentlich ist es mir gelungen, meinen Lesern deutlich zu machen, was ich Gedanken nennen will.

Zweitens: Vorstellungen werden gehabt. Man hat Empfindungen, Gefühle, Stimmungen, Neigungen, Wünsche. Eine Vorstellung, die jemand hat, gehört zu dem Inhalte seines Bewußtseins.

Die Wiese und die Frösche auf ihr, die Sonne, die sie bescheint, sind da, einerlei ob ich sie anschaue oder nicht; aber der Sinneseindruck des Grünen, den ich habe, besteht nur durch mich; ich bin sein Träger. Es scheint uns ungereimt, daß ein Schmerz, eine Stimmung, ein Wunsch sich ohne einen Träger selbständig in der Welt umhertreibe. Eine Empfindung ist nicht ohne einen Empfindenden möglich. Die Innenwelt hat zur Voraussetzung einen, dessen Innenwelt sie ist.

Drittens: Vorstellungen bedürfen eines Trägers. Die Dinge der Außenwelt sind im Vergleiche damit selbständig.

Mein Begleiter und ich sind überzeugt, daß wir beide dieselbe Wiese sehen; aber jeder von uns hat einen besonderen Sinneseindruck des Grünen. Ich erblicke eine Erdbeere zwischen den grünen Erdbeerblättern. Mein Begleiter findet sie nicht; er ist farbenblind. Der Farbeneindruck, den er von der Erdbeere erhält, unterscheidet sich nicht merklich von dem, den er von dem Blatt erhält. Sieht nun mein Begleiter das grüne Blatt rot, oder sieht er die rote Beere grün? oder sieht er beide in einer Farbe, die ich gar nicht kenne? Das sind unbeantwortbare, ja eigentlich unsinnige Fragen. Denn das Wort „rot", wenn es nicht eine Eigenschaft von Dingen angeben, sondern meinem Bewußtsein angehörende Sinneseindrücke kennzeichnen soll, ist anwendbar nur im Gebiete meines Bewußtseins; denn es ist unmöglich, meinen Sinneseindruck mit dem eines andern zu vergleichen. Dazu wäre erforderlich, einen Sinneseindruck, der einem Bewußsein angehört, und einen Sinneseindruck, der einem andern Bewußtsein angehört, in einem Bewußtsein zu vereinigen. Wenn es nun auch möglich wäre, eine Vorstellung aus einem Bewußtsein verschwinden und zugleich eine Vorstellung in einem andern Bewußtsein auftauchen zu lassen, so bliebe doch immer die Frage unbeantwortet, ob das dieselbe Vorstellung wäre. Inhalt meines Bewußtseins zu sein, gehört so zum Wesen jeder meiner Vorstellungen, daß jede Vorstellung eines andern eben als solche von meiner verschieden ist. Wäre es aber nicht möglich, daß meine Vorstellungen, mein ganzer Bewußtseinsinhalt zugleich Inhalt eines umfassenderen, etwa göttlichen Bewußtseins wäre? Doch wohl nur, wenn ich selbst Teil des göttlichen Wesens wäre. Aber wären es dann eigentlich meine Vorstellungen? wäre ich ihr Träger? Doch das überschreitet soweit die Grenzen des menschlichen Erkennens, daß es geboten ist, diese Möglichkeit außer Betracht zu lassen. Jedenfalls ist es uns Menschen unmöglich, Vorstellungen anderer mit unsern eigenen zu vergleichen. Ich pflücke die Erdbeere ab; ich halte sie 6 zwischen den Fingern. Jetzt sieht sie auch mein Begleiter, dieselbe Erdbeere; aber jeder von uns hat seine eigene Vorstellung. Kein anderer hat meine Vorstellung; aber viele können dasselbe Ding sehen. Kein anderer hat meinen Schmerz. Jemand kann Mitleid mit mir haben; aber dabei gehört doch immer mein Schmerz mir und sein Mitleid ihm an. Er hat nicht meinen Schmerz, und ich habe nicht sein Mitleid.

Viertens: Jede Vorstellung hat nur einen Träger; nicht zwei Menschen haben dieselbe Vorstellung.

Sonst hätte sie unabhängig von diesem und unabhängig von jenem Bestand. Ist jene Linde meine Vorstellung? Indem ich in dieser Frage den Ausdruck „jene Linde" gebrauche, greife ich eigentlich der Antwort schon vor; denn mit diesem Ausdrucke will ich etwas bezeichnen, was ich sehe und was auch andere betrachten und betasten können. Nun ist zweierlei möglich. Wenn meine Absicht erreicht ist, wenn ich mit dem Ausdrucke „jene Linde" etwas bezeichne, dann ist der in dem Satze „jene Linde ist meine Vorstellung" ausgedrückte Gedanke offenbar zu verneinen. Wenn ich aber meine Absicht verfehlt habe, wenn ich nur zu sehen meine, ohne wirklich zu sehen, wenn demnach die Bezeichnung „jene Linde" leer ist, dann habe ich mich, ohne es zu wissen und zu wollen, in das Gebiet der Dichtung verirrt. Dann ist weder der Inhalt des Satzes „jene Linde ist meine Vorstellung" noch der Inhalt des Satzes „jene Linde ist nicht meine Vorstellung" wahr; denn in beiden Fällen habe ich dann eine Aussage, welcher der Gegenstand fehlt. Die Beantwortung der Frage kann dann nur abgelehnt werden mit der Begründung, daß der Inhalt des Satzes „jene Linde ist meine Vorstellung" Dichtung sei. Freilich habe ich dann wohl eine Vorstellung; aber diese meine ich nicht mit den Worten „jene Linde". Nun könnte jemand wirklich mit den Worten „jene Linde" eine seiner Vorstellungen bezeichnen wollen; dann wäre er Träger dessen, was er mit jenen Worten bezeichnen wollte; aber er sähe dann jene Linde nicht, und kein anderer Mensch sähe sie oder wäre ihr Träger.
Ich komme nun auf die Frage zurück: Ist der Gedanke eine Vorstellung? Wenn der Gedanke, den ich im pythagoreischen Lehrsatz ausspreche, ebenso von andern wie von mir als wahr anerkannt werden kann, dann gehört er nicht zum Inhalte meines Bewußtseins, dann bin ich nicht sein Träger und kann ihn trotzdem als wahr anerkennen. Wenn es aber gar nicht derselbe Ge-

danke ist, der von mir und der von jenem als Inhalt des pythagoreischen Lehrsatzes angesehen wird, dann dürfte man eigentlich nicht sagen „der pythagoreische Lehrsatz", sondern „mein pythagoreischer Lehrsatz", „sein pythagoreischer Lehrsatz", und diese wären verschieden; denn der Sinn gehört notwendig zum Satze. Dann kann mein Gedanke Inhalt meines Bewußtseins, sein Gedanke Inhalt seines Bewußtseins sein. Könnte dann der Sinn meines pythagoreischen Lehrsatzes wahr, der seines falsch sein? Ich habe gesagt, das Wort „rot" sei anwendbar nur im Gebiete meines Bewußtseins, wenn es nicht eine Eigenschaft von Dingen angeben, sondern einige meiner Sinneseindrücke kennzeichnen solle. So könnten auch die Wörter „wahr" und „falsch" so, wie ich sie verstehe, anwendbar sein nur im Gebiete meines Bewußtseins, wenn sie nicht etwas betreffen sollten, dessen Träger ich nicht bin, sondern bestimmt wären, Inhalte meines Bewußtseins irgendwie zu kennzeichnen. Dann wäre die Wahrheit auf den Inhalt meines Bewußtseins beschränkt, und es bliebe zweifelhaft, ob im Bewußtsein anderer überhaupt etwas Ähnliches vorkäme.

Wenn jeder Gedanke eines Trägers bedarf, zu dessen Bewußtseinsinhalte er gehört, so ist er Gedanke nur dieses Trägers, und es gibt keine Wissenschaft, welche vielen gemeinsam wäre, an welcher viele arbeiten könnten; sondern ich habe vielleicht meine Wissenschaft, nämlich ein Ganzes von Gedanken, deren Träger ich bin, ein anderer hat seine Wissenschaft. Jeder von uns beschäftigt sich mit Inhalten seines Bewußtseins. Ein Widerspruch zwischen beiden Wissenschaften ist dann nicht möglich; und es ist eigentlich müßig, sich um die Wahrheit zu streiten, ebenso müßig, ja beinahe lächerlich, wie es wäre, wenn zwei Leute sich stritten, ob ein Hundertmarkschein echt wäre, wobei jeder von beiden denjenigen meinte, den er selber in seiner Tasche hätte, und das Wort „echt" in seinem besonderen Sinne verstände. Wenn jemand die Gedanken für Vorstellungen hält, so ist das, was er damit als wahr anerkennt, nach seiner eigenen Meinung Inhalt seines Bewußtseins und geht andere eigentlich gar nichts an. Und wenn er von mir die Meinung hörte, der Gedanke wäre nicht Vorstellung, so könnte er das nicht bestreiten; denn das ginge ihn ja nun wieder nichts an.

So scheint das Ergebnis zu sein: Die Gedanken sind weder Dinge der Außenwelt noch Vorstellungen.

Ein drittes Reich muß anerkannt werden. Was zu diesem gehört, stimmt mit den Vorstellungen darin überein, daß es nicht mit den Sinnen wahrgenommen werden kann, mit den Dingen aber darin, daß es keines Trägers bedarf, zu dessen Bewußtseinsinhalte es gehört. So ist z. B. der Gedanke, den wir im pythagoreischen Lehrsatz aussprachen, zeitlos wahr, unabhängig davon wahr, ob irgend jemand ihn für wahr hält. Er bedarf keines Trägers. Er ist wahr nicht erst, seitdem er entdeckt worden ist, wie ein Planet, schon bevor jemand ihn gesehen hat, mit andern Planeten in Wechselwirkung gewesen ist[5].

Aber einen seltsamen Einwurf glaube ich zu hören. Ich habe mehrfach angenommen, dasselbe Ding, das ich sehe, könne auch von einem andern betrachtet werden. Wie aber, wenn alles nur Traum wäre? Wenn ich meinen Spaziergang in Begleitung eines andern nur träumte, wenn ich nur träumte, daß mein Begleiter wie ich die grüne Wiese sähe, wenn das alles nur ein Schauspiel wäre, aufgeführt auf der Bühne meines Bewußtseins, so wäre es zweifelhaft, ob es überhaupt Dinge der Außenwelt gebe. Vielleicht ist das Reich der Dinge leer, und ich sehe keine Dinge, auch keine Menschen, sondern ich habe vielleicht nur Vorstellungen, deren Träger ich selbst bin. Etwas, was ebensowenig wie mein Ermüdungsgefühl unabhängig von mir bestehen kann, eine Vorstellung kann kein Mensch sein, kann nicht mit mir zusammen dieselbe Wiese betrachten, kann nicht die Erdbeere sehen, die ich 7 halte. Daß ich statt der ganzen Umwelt, in der ich mich zu bewegen, zu schaffen gemeint, eigentlich nur meine Innenwelt habe, ist doch ganz unglaublich. Und doch ist es unausweichliche Folge des Satzes, daß nur das Gegenstand meiner Betrachtung sein kann, was meine Vorstellung ist. Was würde aus diesem Satze folgen, wenn er wahr wäre? Gäbe es dann andere Menschen? Das wäre schon möglich; aber ich wüßte nichts von ihnen: denn ein Mensch kann nicht meine Vorstellung, folglich, wenn unser Satz wahr wäre, auch nicht Gegenstand meiner Betrachtung sein. Und damit wäre allen Erwägungen der Boden entzogen, bei denen ich annahm, etwas könnte einem andern ebenso Gegenstand sein wie mir; denn selbst, wenn es vorkäme, wüßte ich nichts davon. Dasjenige, dessen Träger ich bin, von demjenigen zu unterscheiden, dessen Träger ich nicht bin, wäre mir unmöglich. Indem ich urteilte, etwas wäre nicht meine Vorstellung, machte ich es zum Gegenstande meines Denkens und damit zu meiner Vorstellung. Gibt es bei dieser Auffassung eine grüne Wiese? Vielleicht, aber sie wäre mir nicht sichtbar. Ist nämlich eine Wiese nicht meine Vorstellung, so kann sie nach unserm Satze nicht Gegenstand meiner Betrachtung sein. Ist sie aber meine Vorstellung, so ist sie unsichtbar; denn Vorstellungen sind nicht sichtbar. Ich kann

---

[5] Man sieht ein Ding, man hat eine Vorstellung, man faßt oder denkt einen Gedanken. Wenn man einen Gedanken faßt oder denkt, so schafft man ihn nicht, sondern tritt nur zu ihm, der schon vorher bestand, in eine gewisse Beziehung, die verschieden ist von der des Sehens eines Dinges und von der des Habens einer Vorstellung.

zwar die Vorstellung einer grünen Wiese haben; aber diese ist nicht grün; denn grüne Vorstellungen gibt es nicht. Gibt es nach dieser Ansicht ein Geschoß von 100 kg Gewicht? Vielleicht; aber ich könnte nichts von ihm wissen. Wenn ein Geschoß nicht meine Vorstellung ist, so kann es nach unserm Satze nicht Gegenstand meiner Betrachtung, meines Denkens sein. Wenn ein Geschoß aber meine Vorstellung wäre, so hätte es kein Gewicht. Ich kann eine Vorstellung von einem schweren Geschosse haben. Diese enthält dann als Teilvorstellung die der Gewichtigkeit. Diese Teilvorstellung ist aber nicht Eigenschaft der Gesamtvorstellung, ebensowenig, wie Deutschland Eigenschaft Europas ist. So ergibt sich:

Entweder der Satz ist falsch, daß nur das Gegenstand meiner Betrachtung sein kann, was meine Vorstellung ist; oder all mein Wissen und Erkennen beschränkt sich auf den Bereich meiner Vorstellungen, auf die Bühne meines Bewußtseins. In diesem Falle hätte ich nur eine Innenwelt, und ich wüßte nichts von andern Menschen.

Es ist wundersam, wie bei solchen Erwägungen die Gegensätze ineinander umschlagen. Da ist z. B. ein Sinnesphysiologe. Wie es sich für einen wissenschaftlichen Naturforscher ziemt, ist er zunächst weit davon entfernt, die Dinge, die zu sehen und zu tasten er überzeugt ist, für seine Vorstellungen zu halten. Im Gegenteil glaubt er in den Sinneseindrücken die sichersten Zeugnisse von Dingen zu haben, die ganz unabhängig von seinem Fühlen, Vorstellen, Denken bestehen, die sein Bewußtsein nicht nötig haben. Nervenfasern, Ganglienzellen erkennt er so wenig als Inhalt seines Bewußtseins an, daß er eher geneigt ist, umgekehrt sein Bewußtsein als abhängig von Nervenfasern und Ganglienzellen anzusehen. Er stellt fest, daß Lichtstrahlen, im Auge gebrochen, die Endigungen des Sehnerven treffen und da eine Veränderung, einen Reiz bewirken. Etwas davon wird weitergeleitet durch Nervenfasern zu Ganglienzellen. Es schließen sich daran vielleicht weitere Vorgänge im Nervensystem, und es entstehen Farbenempfindungen, und diese verbinden sich zu dem, was wir vielleicht Vorstellung eines Baumes nennen. Zwischen den Baum und meine Vorstellung schieben sich physikalische, chemische, physiologische Vorgänge ein. Mit meinem Bewußtsein unmittelbar zusammen hängen aber, wie es scheint, nur Vorgänge in meinem Nervensystem; und jeder Beschauer des Baumes hat seine besonderen Vorgänge in seinem besonderen Nervensystem. Nun können die Lichtstrahlen, bevor sie in mein Auge dringen, von einer Spiegelfläche zurückgeworfen worden sein und sich nun so weiter verbreiten, als wären sie von Orten hinter dem Spiegel ausgegangen.

Die Wirkungen auf die Sehnerven und alles Folgende wird nun gerade so vor sich gehen, wie es vor sich gehen würde, wenn die Lichtstrahlen von einem Baume hinter dem Spiegel ausgegangen wären und sich ungestört bis ans Auge fortgepflanzt hätten. So wird denn schließlich auch eine Vorstellung eines Baumes zustande kommen, wenn es einen solchen Baum auch gar nicht gibt. Auch durch Beugung des Lichtes kann durch Vermittelung des Auges und des Nervensystems eine Vorstellung entstehen, der gar nichts entspricht. Die Reizung des Sehnerven braucht aber gar nicht einmal durch Licht zu geschehen. Wenn in unserer Nähe ein Blitz niedergeht, glauben wir Flammen zu sehen, auch wenn wir den Blitz selbst nicht sehen können. Der Sehnerv wird dann etwa durch elektrische Ströme gereizt, die in unserm Leibe infolge des Blitzschlages entstehen. Wenn der Sehnerv dadurch ebenso gereizt wird, wie er durch Lichtstrahlen gereizt werden würde, die von Flammen ausgingen, so glauben wir Flammen zu sehen. Es kommt eben auf die Reizung des Sehnerven an; wie sie zustande kommt, ist gleichgültig.

Man kann noch einen Schritt weitergehen. Eigentlich ist doch diese Reizung des Sehnerven nicht unmittelbar gegeben, sondern nur Annahme. Wir glauben, daß ein von uns unabhängiges Ding einen Nerv reize und dadurch einen Sinneseindruck bewirke; aber genau genommen, erleben wir nur das Ende dieses Vorganges, das in unser Bewußtsein hereinragt. Könnte nicht dieser Sinneseindruck, diese Empfindung, die wir auf einen Nervenreiz zurückführen, auch andere Ursachen haben, wie ja auch derselbe Nervenreiz in verschiedener Weise entstehen kann? Nennen wir das in unser Bewußtsein Fallende Vorstellung, so erleben wir eigentlich nur Vorstellungen, nicht aber deren Ursachen. Und wenn der Forscher alle bloßen Annahmen fernhalten will, so bleiben ihm nur Vorstellungen; alles löst sich ihm in Vorstellungen auf, auch die Lichtstrahlen, die Nervenfasern und Ganglienzellen, von denen er ausgegangen ist. So unterwühlt er schließlich die Grundlagen seines eigenen Baues. Alles ist Vorstellung? Alles bedarf eines Trägers, ohne den es keinen Bestand hat? Ich habe mich als Träger meiner Vorstellungen angesehen; aber bin ich nicht selbst eine Vorstellung? Es ist mir so, als läge ich auf einem Liegestuhle, als sähe ich ein Paar gewichster Stiefelspitzen, die Vorderseite einer Hose, eine Weste, Knöpfe, Teile eines Rockes, insbesondere Ärmel, zwei Hände, einige Barthaare, verschwommene Umrisse einer Nase. Und dieser ganze Verein von Gesichtseindrücken, diese Gesamtvorstellung bin ich selbst? Es ist mir auch so, als sähe ich dort einen Stuhl. Es ist eine Vorstellung. Eigentlich unterscheide ich mich gar nicht so sehr von

dieser; denn bin ich nicht selbst ebenfalls ein Verein von Sinneseindrücken, eine Vorstellung? Wo ist denn aber der Träger dieser
Vorstellungen? Wie komme ich dazu, eine dieser Vorstellungen
herauszugreifen und sie als Trägerin der andern hinzustellen?
Warum muß das die Vorstellung sein, die ich *ich* zu nennen be-
liebe? Könnte ich nicht ebenso gut die dazu wählen, die ich einen
Stuhl zu nennen in Versuchung bin? Doch wozu überhaupt ein
Träger der Vorstellungen? Ein solcher wäre doch immer etwas
von den bloß getragenen Vorstellungen wesentlich Verschiedenes,
etwas Selbständiges, was keines fremden Trägers bedürfte. Wenn
alles Vorstellung ist, so gibt es keinen Träger der Vorstellungen.
Und so erlebe ich nun wieder einen Umschlag ins Entgegengesetzte. Wenn es keinen Träger der Vorstellungen gibt, so gibt
es auch keine Vorstellungen; denn Vorstellungen bedürfen eines
Trägers, ohne den sie nicht bestehen können. Wenn kein Herrscher
da ist, gibt es auch keine Untertanen. Die Unselbständigkeit, die
ich der Empfindung gegenüber dem Empfindenden zuzuerkennen
mich bewogen fand, fällt weg, wenn kein Träger mehr da ist. Was
ich Vorstellungen nannte, sind dann selbständige Gegenstände.
Demjenigen Gegenstande, den ich *ich* nenne, eine besondere
Stellung einzuräumen, fehlt jeder Grund.
Aber ist denn das möglich? Kann es ein Erleben geben, ohne
jemanden, der es erlebt? Was wäre dieses ganze Schauspiel ohne
einen Zuschauer? Kann es einen Schmerz geben, ohne jemanden,
der ihn hat? Das Empfundenwerden gehört notwendig zum
Schmerze, und zum Empfundenwerden gehört wieder jemand, der
empfindet. Dann aber gibt es etwas, was nicht meine Vorstellung
ist und doch Gegenstand meiner Betrachtung, meines Denkens
sein kann, und ich bin von der Art. Oder kann ich Teil des Inhalts
meines Bewußtseins sein, während ein anderer Teil vielleicht eine
Mondvorstellung ist? Findet das etwa statt, wenn ich urteile, daß
ich den Mond betrachte? Dann hätte dieser erste Teil ein Bewußtsein, und ein Teil des Inhalts dieses Bewußtseins wäre wiederum
ich. U. s. f. Daß ich so ins Unendliche in mir eingeschachtelt wäre,
ist doch wohl undenkbar; denn dann gebe es ja nicht nur ein ich,
sondern unendlich viele. Ich bin nicht meine eigene Vorstellung,
und wenn ich etwas von mir behaupte, z. B. daß ich augenblicklich
keinen Schmerz empfinde, so betrifft mein Urteil etwas, was nicht
Inhalt meines Bewußtseins, nicht meine Vorstellung ist, nämlich
mich selbst. Also ist das, wovon ich etwas aussage, nicht notwendig meine Vorstellung. Aber, wendet man vielleicht ein, wenn
ich denke, daß ich augenblicklich keinen Schmerz habe, entspricht
dann nicht doch dem Worte „ich" etwas im Inhalte meines Bewußtsein? und ist das nicht eine Vorstellung? Das mag sein. Mit

der Vorstellung des Wortes „ich" mag in meinem Bewußtsein eine gewisse Vorstellung verbunden sein. Dann aber ist sie eine Vorstellung neben andern Vorstellungen, und ich bin ihr Träger wie der Träger der andern Vorstellungen. Ich habe eine Vorstellung von mir, aber ich bin nicht diese Vorstellung. Es ist scharf zu unterscheiden zwischen dem, was Inhalt meines Bewußtseins, meine Vorstellung ist, und dem, was Gegenstand meines Denkens ist. Also ist der Satz falsch, daß nur das Gegenstand meiner Betrachtung, meines Denkens sein kann, was zum Inhalte meines Bewußtseins gehört.

Nun ist der Weg frei, daß ich auch einen andern Menschen anerkennen kann als selbständigen Träger von Vorstellungen. Ich habe eine Vorstellung von ihm; aber ich verwechsele sie nicht mit ihm selbst. Und wenn ich etwas von meinem Bruder aussage, so sage ich es nicht von der Vorstellung aus, die ich von meinem Bruder habe.

Der Kranke, der einen Schmerz hat, ist Träger dieses Schmerzes; aber der behandelnde Arzt, der über die Ursache dieses Schmerzes nachdenkt, ist nicht Träger des Schmerzes. Er bildet sich nicht ein, dadurch den Schmerz des Kranken stillen zu können, daß er sich selbst betäube. Zwar mag dem Schmerze des Kranken eine Vorstellung im Bewußtsein des Arztes entsprechen; aber diese ist nicht der Schmerz und nicht das, was der Arzt auszulöschen bemüht ist. Möge der Arzt einen andern Arzt zuziehen. Dann ist zu unterscheiden: erstens der Schmerz, dessen Träger der Kranke ist, zweitens die Vorstellung des ersten Arztes von diesem Schmerze, drittens die Vorstellung des zweiten Arztes von diesem Schmerze. Diese Vorstellung gehört zwar zum Inhalte des Bewußtseins des zweiten Arztes, ist aber nicht Gegenstand seines Nachdenkens, vielleicht aber Hilfsmittel beim Nachdenken, wie etwa eine Zeichnung ein solches Hilfsmittel sein kann. Beide Ärzte haben als gemeinsamen Gegenstand den Schmerz des Kranken, dessen Träger sie nicht sind. Es ist daraus zu ersehen, daß nicht nur ein Ding, sondern auch eine Vorstellung gemeinsamer Gegenstand des Denkens von Menschen sein kann, die diese Vorstellung nicht haben.

So, scheint mir, wird die Sache verständlich. Wenn der Mensch nicht denken und zum Gegenstande seines Denkens nicht etwas nehmen könnte, dessen Träger er nicht ist, hätte er wohl eine Innenwelt, nicht eine Umwelt. Aber kann das nicht auf einem Irrtume beruhen? Ich bin überzeugt, daß der Vorstellung, die ich mit den Worten „mein Bruder" verbinde, etwas entspricht, was nicht meine Vorstellung ist und wovon ich etwas aussagen kann. Aber kann ich mich nicht darin irren? Solche Irrtümer kommen vor. Wir verfallen dann wider unsere Absicht in Dichtung. In der

Tat! Mit dem Schritte, mit dem ich mir eine Umwelt erobere, setze ich mich der Gefahr des Irrtums aus. Und hier stoße ich auf einen weiteren Unterschied meiner Innenwelt von der Außenwelt. Daß ich den Gesichtseindruck des Grünen habe, kann mir nicht zweifelhaft sein; daß ich aber ein Lindenblatt sehe, ist nicht so sicher. So finden wir im Gegensatze zu weit verbreiteten Meinungen in der Innenwelt Sicherheit, während uns bei unsern Ausflügen in die Außenwelt der Zweifel nie ganz verläßt. Dennoch ist die Wahrscheinlichkeit auch hierbei in vielen Fällen von der Gewißheit kaum zu unterscheiden, so daß wir es wagen können, über die Dinge der Außenwelt zu urteilen. Und wir müssen das sogar wagen auf die Gefahr des Irrtums hin, wenn wir nicht weit größeren Gefahren erliegen wollen.

Als Ergebnis der letzten Betrachtungen stelle ich folgendes fest: Nicht alles ist Vorstellung, was Gegenstand meines Erkennens sein kann. Ich selbst bin als Träger von Vorstellungen nicht selber eine Vorstellung. Es steht nun nichts im Wege, auch andere Menschen als Träger von Vorstellungen, ähnlich mir selber, anzuerkennen. Und wenn die Möglichkeit erst einmal gegeben ist, ist die Wahrscheinlichkeit sehr groß, so groß, daß sie sich für meine Auffassung von der Gewißheit nicht mehr unterscheidet. Gäbe es sonst eine Geschichtswissenschaft? Würde sonst nicht jede Pflichtenlehre, nicht jedes Recht hinfällig? Was bliebe von der Religion übrig? Auch die Naturwissenschaften könnten nur noch als Dichtungen, ähnlich der Astrologie und Alchemie bewertet werden. Die Überlegungen also, die ich angestellt habe, voraussetzend, daß es außer mir Menschen gebe, die mit mir dasselbe zum Gegenstande ihrer Betrachtung, ihres Denkens machen können, bleiben im wesentlichen ungeschwächt in Kraft.

Nicht alles ist Vorstellung. So kann ich denn auch den Gedanken als unabhängig von mir anerkennen, den auch andere Menschen ebenso wie ich fassen können. Ich kann eine Wissenschaft anerkennen, an der viele sich forschend betätigen können. Wir sind nicht Träger der Gedanken, wie wir Träger unserer Vorstellungen sind. Wir haben einen Gedanken, nicht, wie wir etwa einen Sinneseindruck haben; wir sehen aber auch einen Gedanken nicht, wie wir etwa einen Stern sehen. Darum ist es anzuraten, hier einen besonderen Ausdruck zu wählen, und als solcher bietet sich uns das Wort „fassen" dar. Dem Fassen [6] der Gedanken muß ein besonderes

---

[6] Der Ausdruck „Fassen" ist ebenso bildlich wie „Bewußtseinsinhalt". Das Wesen der Sprache erlaubt es eben nicht anders. Was ich in der Hand halte, kann ja als Inhalt der Hand angesehen werden, ist aber doch in ganz anderer Weise Inhalt der Hand und ihr viel fremder als die Knochen, die Muskeln, aus denen sie besteht, und deren Spannungen.

geistiges Vermögen, die Denkkraft entsprechen. Beim Denken erzeugen wir nicht die Gedanken, sondern wir fassen sie. Denn das, was ich Gedanken genannt habe, steht ja im engsten Zusammenhange mit der Wahrheit. Was ich als wahr anerkenne, von dem urteile ich, daß es wahr sei ganz unabhängig von meiner Anerkennung seiner Wahrheit, auch unabhängig davon, ob ich daran denke. Zum Wahrsein eines Gedankens gehört nicht, daß er gedacht werde. „Tatsachen! Tatsachen! Tatsachen!" ruft der Naturforscher aus, wenn er die Notwendigkeit einer sicheren Grundlegung der Wissenschaft einschärfen will. Was ist eine Tatsache? Eine Tatsache ist ein Gedanke, der wahr ist. Als sichere Grundlage der Wissenschaft aber wird der Naturforscher sicher nicht etwas anerkennen, was von den wechselnden Bewußtseinszuständen von Menschen abhängt. Die Arbeit der Wissenschaft besteht nicht in einem Schaffen, sondern in einem Entdecken von wahren Gedanken. Der Astronom kann eine mathematische Wahrheit anwenden bei der Erforschung längst vergangener Begebenheiten, die stattfanden, als auf Erden wenigstens noch niemand jene Wahrheit erkannt hatte. Er kann dies, weil das Wahrsein eines Gedankens zeitlos ist. Also kann jene Wahrheit nicht erst mit ihrer Entdeckung entstanden sein.

Nicht alles ist Vorstellung. Sonst enthielte die Psychologie alle Wissenschaften in sich oder wäre wenigstens die oberste Richterin über alle Wissenschaften. Sonst beherrschte die Psychologie auch die Logik und die Mathematik. Nichts hieße aber die Mathematik mehr verkennen als ihre Unterordnung unter die Psychologie. Weder die Logik noch die Mathematik hat als Aufgabe, die Seelen und den Bewußtseinsinhalt zu erforschen, dessen Träger der einzelne Mensch ist. Eher könnte man vielleicht als ihre Aufgabe die Erforschung des Geistes hinstellen, des Geistes, nicht der Geister.

Das Fassen der Gedanken setzt einen Fassenden, einen Denkenden voraus. Dieser ist dann Träger des Denkens, nicht aber des Gedankens. Obgleich zum Bewußtseinsinhalte des Denkenden der Gedanke nicht gehört, muß doch in dem Bewußtsein etwas auf den Gedanken hinzielen. Dieses darf aber nicht mit dem Gedanken selbst verwechselt werden. So ist auch Algol selbst verschieden von der Vorstellung, die jemand von Algol hat.

Der Gedanke gehört weder als Vorstellung meiner Innenwelt noch auch der Außenwelt, der Welt der sinnlich wahrnehmbaren Dinge an.

Dieses Ergebnis, wie zwingend es sich auch aus dem Dargelegten ergeben mag, wird dennoch vielleicht nicht ohne Widerstand angenommen werden. Es wird manchem, denke ich, unmöglich scheinen, von etwas Kunde zu erlangen, was nicht seiner Innenwelt angehört, außer durch Sinneswahrnehmung. In der Tat wird die Sinneswahrnehmung oft als die sicherste, ja sogar als die einzige Erkenntnisquelle für alles angesehen, was nicht der Innenwelt angehört. Aber mit welchem Rechte? Zur Sinneswahrnehmung gehört doch wohl als notwendiger Bestandteil der Sinneseindruck, und dieser ist Teil der Innenwelt. Denselben haben zwei Menschen jedenfalls nicht, wenn sie auch ähnliche Sinneseindrücke haben mögen. Diese allein eröffnen uns nicht die Außenwelt. Vielleicht gibt es ein Wesen, das nur Sinneseindrücke hat, ohne Dinge zu sehen oder zu tasten. Das Haben von Gesichtseindrücken ist noch kein Sehen von Dingen. Wie kommt es, daß ich den Baum gerade dort sehe, wo ich ihn sehe? Offenbar liegt es an den Gesichtseindrücken, die ich habe, und an der besonderen Art von solchen, die dadurch zustande kommen, daß ich mit zwei Augen sehe. Auf jeder der beiden Netzhäute entsteht, physikalisch gesprochen, ein besonderes Bild. Ein anderer sieht den Baum an derselben Stelle. Auch er hat zwei Netzhautbilder, die aber von meinen abweichen. Wir müssen annehmen, daß diese Netzhautbilder für unsere Eindrücke bestimmend sind. Demnach haben wir nicht nur nicht dieselben, sondern merklich voneinander abweichende Gesichtseindrücke. Und doch bewegen wir uns in derselben Außenwelt. Das Haben von Gesichtseindrücken ist zwar nötig zum Sehen der Dinge, aber nicht hinreichend. Was noch hinzukommen muß, ist nichts Sinnliches. Und dieses ist es doch gerade, was uns die Außenwelt aufschließt; denn ohne dieses Nichtsinnliche bliebe jeder in seiner Innenwelt eingeschlossen. Da also die Entscheidung im Nichtsinnlichen liegt, könnte ein Nichtsinnliches auch da, wo keine Sinneseindrücke mitwirken, uns aus der Innenwelt hinausführen und uns Gedanken fassen lassen. Außer seiner Innenwelt hätte man zu unterscheiden die eigentliche Außenwelt der sinnlich wahrnehmbaren Dinge und das Reich desjenigen, was nicht sinnlich wahrnehmbar ist. Zur Anerkennung beider Reiche bedürften wir eines Unsinnlichen; aber bei der sinnlichen Wahrnehmung der Dinge hätten wir außerdem noch Sinneseindrücke nötig, und diese gehören ja ganz der Innenwelt an. So ist dasjenige, worauf der Unterschied des Gegebenseins eines Dinges von dem eines Gedankens hauptsächlich beruht, etwas, was keinem der beiden Reiche, sondern der Innenwelt zuzuweisen ist. So kann ich diesen Unterschied nicht so groß finden, daß dadurch das Gegebensein eines der Innenwelt nicht angehörenden Gedankens unmöglich werden könnte. Freilich ist der Gedanke nicht etwas, was man wirklich zu nennen gewohnt ist. Die Welt des Wirklichen ist eine Welt, in der dieses auf jenes wirkt, es verändert und selbst wieder Gegenwirkungen erfährt und dadurch verändert wird. Alles das ist ein Geschehen in der Zeit. Was zeitlos und unveränderlich ist, werden wir schwerlich als wirklich anerkennen. Ist nun der Gedanke veränderlich, oder ist er zeitlos? Der Gedanke, den wir im pythagoreischen Lehrsatz aussprechen, ist doch wohl zeitlos, ewig, unveränderlich. Aber gibt es nicht auch Gedanken, die heute wahr sind, nach einem halben Jahre aber falsch? Der Gedanke z. B., daß der Baum dort grün belaubt ist, ist doch wohl nach einem halben Jahre falsch? Nein; denn es ist gar nicht derselbe Gedanke. Der Wortlaut „dieser Baum ist grün belaubt" allein genügt ja nicht zum Ausdrucke, denn die Zeit des Sprechens gehört dazu. Ohne die Zeitbestimmung, die dadurch gegeben ist, haben wir keinen vollständigen Gedanken, d. h. überhaupt keinen Gedanken. Erst der durch die Zeitbestimmung ergänzte und in jeder Hinsicht vollständige Satz drückt einen Gedanken aus. Dieser ist aber, wenn er wahr ist, nicht nur heute oder morgen, sondern zeitlos wahr. Das *Praesens* in „ist wahr" deutet also nicht auf die Gegenwart des Sprechenden, sondern ist, wenn der Ausdruck erlaubt ist, ein *Tempus* der Unzeitlichkeit. Wenn wir die bloße Form des Behauptungssatzes anwenden, das Wort „wahr" vermeidend, muß doch zweierlei unterschieden werden: der Ausdruck des Gedankens und die Behauptung. Die in dem Satze etwa enthaltene Zeitbestimmung gehört allein dem Ausdrucke des Gedankens an, während die Wahrheit, deren Anerkennung in der Form des Behauptungssatzes liegt, zeitlos ist. Zwar kann derselbe Wortlaut wegen der Veränderlichkeit der Sprache mit der Zeit einen andern Sinn annehmen, einen andern Gedanken ausdrücken: aber die Veränderung betrifft dann das Sprachliche.

Und doch! Welchen Wert könnte das ewig Unveränderliche für uns haben, das Wirkungen weder erfahren noch auf uns haben könnte? Etwas ganz und in jeder Hinsicht Unwirksames wäre auch ganz unwirklich und für uns nicht vorhanden. Selbst das Zeitlose muß irgendwie mit der Zeitlichkeit verflochten sein, wenn es uns etwas sein soll. Was wäre ein Gedanke für mich, der nie von mir gefaßt würde! Dadurch aber, daß ich einen Gedanken fasse, trete ich zu ihm in eine Beziehung und er zu mir. Es ist möglich, daß derselbe Gedanke, der heute von mir gedacht wird, gestern nicht von mir gedacht wurde. Damit ist die strenge Unzeitlichkeit des Gedankens allerdings aufgehoben. Aber man wird geneigt sein, zwischen wesentlichen und unwesentlichen Eigenschaften zu unterscheiden und etwas als zeitlos anzuerkennen, wenn die Veränderungen, die es erfährt, nur die unwesentlichen Eigenschaften betreffen. Unwesentlich wird man eine Eigenschaft eines Gedankens nennen, die darin besteht oder daraus folgt, daß er von einem Denkenden gefaßt wird.

Wie wirkt ein Gedanke? Dadurch, daß er gefaßt und für wahr gehalten wird. Das ist ein Vorgang in der Innenwelt eines Denkenden, der weitere Folgen in dieser Innenwelt haben kann, die, auf das Gebiet des Willens übergreifend, sich auch in der Außenwelt bemerkbar machen. Wenn ich z. B. den Gedanken fasse, den wir im pythagoreischen Lehrsatze aussprechen, so kann die Folge sein, daß ich ihn als wahr anerkenne, und weiter, daß ich ihn anwende, einen Beschluß fassend, der Beschleunigung von Massen bewirkt. So werden unsere Taten gewöhnlich durch Denken und Urteilen vorbereitet. Und so können Gedanken auf Massenbewegungen mittelbar Einfluß haben. Das Wirken von Mensch auf Mensch wird zumeist durch Gedanken vermittelt. Man teilt einen Gedanken mit. Wie geschieht das? Man bewirkt Veränderungen in der gemeinsamen Außenwelt, die, von dem andern wahrgenommen, ihn veranlassen sollen, einen Gedanken zu fassen und ihn für wahr zu halten. Die großen Begebenheiten der Weltgeschichte, konnten sie anders als durch Gedankenmitteilung zustande kommen? Und doch sind wir geneigt, die Gedanken für unwirklich zu halten, weil sie bei den Vorgängen untätig erscheinen, während das Denken, Urteilen, Aussprechen, Verstehen, alles Tun dabei Sache der Menschen ist. Wie ganz anders wirklich erscheint doch ein Hammer, verglichen mit einem Gedanken! Wie anders ist der Vorgang beim Überreichen eines Hammers als bei der Mitteilung eines Gedankens! Der Hammer geht aus einem Machtbereich in einen andern über, er wird ergriffen, erfährt dabei einen Druck, dadurch wird seine Dichte, die Lagerung seiner Teile stellenweise geändert. Von alledem hat man beim Gedanken eigentlich nichts. Der Gedanke verläßt bei der Mitteilung das Machtgebiet des Mitteilenden nicht; denn im Grunde hat der Mensch keine Macht über ihn. Indem der Gedanke gefaßt wird, bewirkt er Veränderungen zunächst nur in der Innenwelt des Fassenden; doch bleibt er selbst im Kerne seines Wesens davon unberührt, da die Veränderungen, die er erfährt, nur unwesentliche Eigenschaften betreffen. Es fehlt hier das, was wir im Naturgeschehen überall erkennen: die Wechselwirkung. Die Gedanken sind nicht durchaus unwirklich, aber ihre Wirklichkeit ist ganz anderer Art als die der Dinge. Und ihr Wirken wird ausgelöst durch ein Tun der Denkenden, ohne das sie wirkungslos wären, wenigstens soweit wir sehen können. Und doch schafft der Denkende sie nicht, sondern muß sie nehmen, wie sie sind. Sie können wahr sein, ohne von einem Denkenden gefaßt zu werden, und sind auch dann nicht ganz unwirklich, wenigstens wenn sie gefaßt und dadurch in Wirksamkeit gesetzt werden können.

DIE VERNEINUNG
EINE LOGISCHE UNTERSUCHUNG

(Beitr. zur Philos. des deutschen Idealismus 1, 1918—1919, S. 143—157*

Eine Satzfrage enthält die Aufforderung, einen Gedanken ent
weder als wahr anzuerkennen oder als falsch zu verwerfen. Dami
es möglich sei, dieser Aufforderung richtig nachzukommen, mu
verlangt werden, daß aus dem Wortlaute der Frage der Gedanke
um den es sich handelt, unzweifelhaft erkennbar sei, und zweitens
daß dieser Gedanke nicht der Dichtung angehöre. Ich nehme im
folgenden diese Bedingungen immer als erfüllt an. Die Antwor
auf eine Frage[1] ist eine Behauptung, der ein Urteil zugrunde liegt
und zwar sowohl, wenn die Frage bejaht, als auch wenn sie ver
neint wird.

Doch hier erhebt sich ein Bedenken. Wenn das Sein eines Ge
dankens sein Wahrsein ist, dann ist der Ausdruck „falscher Ge
danke" ebenso widerspruchsvoll wie der Ausdruck „nichtseiende
Gedanke"; dann ist der Ausdruck „der Gedanke, daß drei größe
als fünf ist" leer, und darf deshalb in der Wissenschaft — auße
zwischen Anführungszeichen — überhaupt nicht gebrauch
werden; dann darf man nicht sagen „daß drei größer als fünf sei
ist falsch", weil das grammatische Subjekt leer ist.

Aber kann man nicht wenigstens fragen, ob etwas wahr sei? Ir
einer Frage kann man die Aufforderung zu urteilen von dem be
sonderen Inhalte der Frage unterscheiden, der beurteilt werder
soll. Ich will im folgenden diesen besonderen Inhalt einfach Inhal
der Frage oder Sinn des entsprechenden Fragesatzes nennen. Ha
nun der Fragesatz

„Ist 3 größer als 5?"

einen Sinn, wenn das Sein eines Gedankens in seinem Wahrsein
besteht? Ein Gedanke kann dann nicht Inhalt der Frage sein, unc
man ist geneigt zu sagen, der Fragesatz habe überhaupt keiner

---

* [Der Aufsatz erschien in Heft 3/4 des 1. Jg.s, das 1919 ausgegeber
wurde; vgl. Blätter f. dt. Philos. 1, 1927, S. 132. Hrsg.]

[1] Hier und im folgenden meine ich immer eine Satzfrage, wenn ich
einfach „Frage" schreibe.

Sinn. Aber das käme doch wohl daher, daß man sofort die Falschheit erkennt. Hat nun der Fragesatz

$$\text{„Ist } \left(\frac{21}{20}\right)^{100} \text{ größer als } \sqrt[10]{10^{21}}?\text{“}$$

einen Sinn? Wenn man herausgebracht hätte, daß die Frage zu bejahen wäre, könnte man den Fragesatz als sinnvoll annehmen, weil er einen Gedanken als Sinn hätte. Wie aber, wenn die Frage zu verneinen wäre? Einen Gedanken hätte man bei unserer Voraussetzung als Sinn nicht. Aber irgendeinen Sinn muß der Fragesatz doch wohl haben, wenn er überhaupt eine Frage enthalten soll. Und wird nicht in der Tat in ihm nach etwas gefragt? Kann es nicht erwünscht sein, eine Antwort darauf zu erhalten? Dann hängt es also von der Antwort ab, ob als Inhalt der Frage ein Gedanke anzunehmen sei. Nun muß der Sinn des Fragesatzes aber schon vor der Beantwortung faßbar sein, weil sonst gar keine Beantwortung möglich wäre. Was also als Sinn des Fragesatzes vor der Beantwortung der Frage faßbar ist — und nur dieses kann eigentlich Sinn des Fragesatzes genannt werden —, kann kein Gedanke sein, wenn das Sein des Gedankens in seinem Wahrsein besteht. Aber ist es nicht eine Wahrheit, daß die Sonne größer ist als der Mond? Und besteht nicht das Sein einer Wahrheit eben in ihrem Wahrsein? Ist dann nicht doch als Sinn des Fragesatzes

„Ist die Sonne größer als der Mond?“

eine Wahrheit anzuerkennen, ein Gedanke, dessen Sein in seinem Wahrsein besteht? Nein! Zum Sinne eines Fragesatzes kann das Wahrsein nicht gehören. Das widerspräche dem Wesen der Frage. Der Inhalt der Frage ist das zu Beurteilende. Daher kann das Wahrsein nicht zum Inhalt der Frage gerechnet werden. Wenn ich die Frage stelle, ob die Sonne größer als der Mond sei, so erkenne ich damit den Sinn des Fragesatzes

„Ist die Sonne größer als der Mond?“

an. Wäre nun dieser Sinn ein Gedanke, dessen Sein in seiner Wahrheit bestände, so erkennte ich damit zugleich das Wahrsein dieses Sinnes an. Das Fassen des Sinnes wäre zugleich ein Urteilen, und das Aussprechen des Fragesatzes wäre zugleich eine Behauptung, also die Beantwortung der Frage. Es darf aber im Fragesatze weder die Wahrheit noch die Falschheit seines Sinnes behauptet werden. Darum ist der Sinn eines Fragesatzes nicht etwas, dessen Sein in seinem Wahrsein besteht. Das Wesen der Frage erfordert die Scheidung des Fassens des Sinnes vom Urteilen. Und da der Sinn eines Fragesatzes immer auch in dem

Behauptungssatze steckt, in dem die Antwort auf die Frage gegeben wird, ist diese Scheidung auch im Behauptungssatze durchzuführen. Es kommt darauf an, was man unter dem Worte „Gedanke" versteht. Jedenfalls bedarf man einer kurzen Bezeichnung dessen, was Sinn eines Fragesatzes sein kann. Ich nenne es Gedanken. Bei diesem Sprachgebrauche sind nicht alle Gedanken wahr. Das Sein eines Gedankens besteht also nicht in seinem Wahrsein. Wir müssen Gedanken in diesem Sinne anerkennen, weil wir in der wissenschaftlichen Arbeit Fragen brauchen; denn der Forscher muß sich zuweilen mit der Stellung einer Frage begnügen, bis er sie beantworten kann. Indem er die Frage stellt, faßt er einen Gedanken. Ich kann also auch sagen: der Forscher muß sich zuweilen begnügen, einen Gedanken zu fassen. Das ist immerhin schon ein Schritt zum Ziele, wenn es auch noch kein Urteilen ist. Es muß also Gedanken in dem von mir angegebenen Sinne des Wortes geben. Gedanken, die sich vielleicht später als falsch herausstellen, haben ihre Berechtigung in der Wissenschaft und dürfen nicht als nicht seiend behandelt werden. Man denke an den indirekten Beweis. Hierbei vollzieht sich die Erkenntnis der Wahrheit grade durch das Fassen eines falschen Gedankens. Der Lehrer sagt: „Angenommen, a wäre nicht gleich b". Sofort denkt ein Anfänger: „Welcher Unsinn! ich sehe doch, daß a gleich b ist". Er verwechselt Sinnlosigkeit eines Satzes mit Falschheit des in ihm ausgedrückten Gedankens.

Freilich kann man aus einem falschen Gedanken nichts schließen: aber der falsche Gedanke kann Teil eines wahren Gedankens sein, aus dem etwas geschlossen werden kann. Der in dem Satze

„Wenn der Angeklagte zur Zeit der Tat in Rom gewesen ist, hat er den Mord nicht begangen"[2]

enthaltene Gedanke kann als wahr anerkannt werden von einem, der nicht weiß, ob der Angeklagte zur Zeit der Tat in Rom gewesen ist und ob er den Mord begangen hat. Von den beiden in dem Ganzen enthaltenen Teilgedanken wird weder die Bedingung noch die Folge mit behauptender Kraft ausgesprochen, wenn das Ganze als wahr hingestellt wird. Wir haben dann nur eine einzige Tat des Urteilens, aber drei Gedanken, nämlich den ganzen Gedanken und die Bedingung und die Folge. Wenn einer der Teilsätze sinnlos wäre, wäre das Ganze sinnlos. Man erkennt hieraus,

---

[2] Man muß hier annehmen, daß der bloße Wortlaut den Gedanken nicht vollständig enthält, sondern daß aus den Umständen, unter denen er ausgesprochen wird, die Ergänzung zu einem vollständigen Gedanken zu entnehmen ist.

welchen Unterschied es macht, ob ein Satz sinnlos ist oder ob er einen falschen Gedanken ausdrückt. Für die aus Bedingung und Folge bestehenden Gedanken gilt nun das Gesetz, daß unbeschadet der Wahrheit das Entgegengesetzte der Bedingung zur Folge und zugleich das Entgegengesetzte der Folge zur Bedingung gemacht werden darf. Die Engländer nennen diesen Übergang *contraposition*. Nach diesem Gesetze kann man von dem Satze

„Wenn $\left(\dfrac{21}{20}\right)^{100}$ größer als $\sqrt[10]{10^{21}}$ ist, so ist $\left(\dfrac{21}{20}\right)^{1000}$ größer als 10^{21}".

übergehen zu dem Satze

„Wenn $\left(\dfrac{21}{20}\right)^{1000}$ nicht größer als 10^{21} ist, so ist $\left(\dfrac{21}{20}\right)^{100}$ nicht größer als $\sqrt[10]{10^{21}}$".

Und solche Übergänge sind wichtig für die indirekten Beweise, die sonst nicht möglich wären.

Wenn nun die Bedingung des ersten zusammengesetzten Gedankens, daß nämlich $\left(\dfrac{21}{20}\right)^{100}$ größer als $\sqrt[10]{10^{21}}$, wahr ist, so ist die Folge des zweiten zusammengesetzten Gedankens, nämlich daß $\left(\dfrac{21}{20}\right)^{100}$ nicht größer als $\sqrt[10]{10^{21}}$ ist, falsch. Wer demnach die Zulässigkeit unseres Überganges vom *modus ponens* zum *modus tollens* zugibt, muß auch einen falschen Gedanken als seiend anerkennen; sonst bliebe ja entweder vom *modus ponens* nur die Folge oder vom *modus tollens* nur die Bedingung übrig; aber auch von diesen fiele noch eine als nicht seiend weg.

Man kann unter dem Sein eines Gedankens auch verstehen, daß der Gedanke als derselbe von verschiedenen Denkenden gefaßt werden könne. Dann würde das Nichtsein eines Gedankens darin bestehen, daß von mehreren Denkenden jeder seinen eigenen Sinn mit dem Satze verbände, der dann Inhalt seines besonderen Bewußtseins wäre, so daß es einen gemeinsamen Sinn des Satzes, der von mehreren gefaßt werden könnte, nicht gäbe. Ist nun ein falscher Gedanke ein nicht seiender Gedanke in diesem Sinne? Dann wären Forscher, die untereinander die Frage erörtert hätten, ob die Perlsucht des Rindviehs auf Menschen übertragbar wäre, und sich zuletzt darauf geeinigt hätten, daß diese Übertragbarkeit nicht bestände, in der Lage von Leuten, die in ihrer Unterhaltung den Ausdruck „dieser Regenbogen" gebraucht hätten und nun zu der Einsicht kämen, daß sie mit diesen Worten nichts bezeichnet hätten, indem jeder von ihnen eine Erscheinung gehabt hätte, deren Träger er selbst gewesen. Jene Forscher müßten sich wie gefoppt von einem falschen Scheine vorkommen; denn die Voraussetzung, unter der allein ihr Tun und Reden vernünftig gewesen wäre, hätte sich als nicht erfüllt herausgestellt; einen ihnen gemeinsamen Sinn der von ihnen behandelten Frage hätten sie nicht gehabt.

Es muß doch möglich sein, eine Frage zu stellen, die wahrheitsgemäß zu verneinen ist. Der Inhalt einer solchen Frage ist nach meinem Sprachgebrauche ein Gedanke. Es muß möglich sein, daß mehrere Hörer desselben Fragesatzes denselben Sinn fassen und als falsch erkennen. Das Geschworenengericht wäre ja eine törichte Einrichtung, wenn nicht angenommen werden könnte, daß jeder der Geschworenen die vorgelegte Frage in demselben Sinne verstehen könnte. Demnach ist der Sinn eines Fragesatzes, auch wenn die Frage zu verneinen ist, etwas, was von mehreren gefaßt werden kann.

Was würde weiter folgen, wenn das Wahrsein eines Gedankens darin bestände, daß er von mehreren als derselbe gefaßt werden könnte, während es einen mehreren gemeinsamen Sinn eines Satzes gar nicht gäbe, welcher etwas Falsches ausdrückt?

Wenn ein Gedanke wahr ist und aus Gedanken zusammengesetzt ist, von denen einer falsch ist, könnte zwar der ganze Gedanke von mehreren als derselbe gefaßt werden, der falsche Teilgedanke aber nicht. Ein solcher Fall kann vorkommen. So kann z. B. vor einem Geschworenengerichte mit Recht behauptet werden: „Wenn der Angeklagte zur Zeit der Tat in Rom gewesen ist, hat er den Mord nicht begangen", und es kann falsch sein, daß der Angeklagte zur Zeit der Tat in Rom gewesen ist. Dann würden die Geschworenen beim Hören des Satzes „Wenn der Angeklagte zur Zeit der Tat in Rom gewesen ist, hat er den Mord nicht begangen" denselben Gedanken fassen können, während jeder von ihnen mit dem Bedingungssatze seinen eigenen Sinn verbände. Ist das möglich? Kann ein Bestandteil eines Gedankens, der allen Geschworenen als derselbe gegenübersteht, ihnen nicht gemeinsam sein? Wenn das Ganze keines Trägers bedarf, bedarf auch keiner seiner Teile eines Trägers.

Demnach ist ein falscher Gedanke nicht ein nicht seiender Gedanke, auch dann nicht, wenn man unter dem Sein versteht das Nichtbedürfen eines Trägers. Ein falscher Gedanke muß, wenn auch nicht als wahr, so doch zuweilen als unentbehrlich anerkannt werden: erstens als Sinn eines Fragesatzes, zweitens als Bestandteil einer hypothetischen Gedankenverbindung und drittens in der Verneinung. Es muß möglich sein, einen falschen Gedanken zu verneinen, und um das zu können, bedarf ich seiner. Was nicht ist, kann ich nicht verneinen. Und was meiner als seines Trägers bedarf, kann ich nicht durch Verneinen in etwas verwandeln, dessen Träger ich nicht bin und was von mehreren als dasselbe gefaßt werden kann.

Ist nun das Verneinen eines Gedankens als ein Auflösen des Gedankens in seine Bestandteile aufzufassen? Die Geschworenen können durch ihr verneinendes Urteil an dem Bestande des in der ihnen vorgelegten Frage ausgedrückten Gedankens nichts ändern. Der Gedanke ist wahr oder falsch ganz unabhängig davon, ob sie richtig oder unrichtig urteilen. Und wenn er falsch ist, ist er eben auch ein Gedanke. Wenn sich, nachdem die Geschworenen geurteilt, gar keine Gedanke vorfindet, sondern nur Gedankentrümmer, so ist derselbe Bestand schon vorher gewesen; ihnen ist in der scheinbaren Frage gar kein Gedanke, sondern ihnen sind nur Gedankentrümmer vorgelegt worden; sie haben gar nichts gehabt, was sie hätten beurteilen können.

Wir können durch unser Urteilen am Bestande des Gedankens nichts ändern. Wir können nur anerkennen, was ist. Einem wahren Gedanken können wir durch unser Urteilen nichts anhaben. Wir können in dem ihn ausdrückenden Satze ein „nicht" einfügen und dadurch einen Satz erhalten, der, wie dargelegt worden ist, keinen Ungedanken enthält, sondern als Bedingungssatz oder Folgesatz in einem hypothetischen Satzgefüge seine volle Berechtigung haben kann. Weil er falsch ist, darf er nur nicht mit behauptender Kraft ausgesprochen werden. Jener erste Gedanke aber wird durch diesen Vorgang ganz unberührt gelassen. Er bleibt wahr wie vorher.

Können wir einem falschen Gedanken durch unser Verneinen etwas anhaben? Auch nicht: denn ein falscher Gedanke bleibt immer ein Gedanke und kann als Bestandteil eines wahren Gedankens vorkommen. Fügen wir in dem ohne behauptende Kraft ausgesprochenen Satze

„3 ist größer als 5",

dessen Sinn falsch ist, ein „nicht" ein, so erhalten wir

„3 ist nicht größer als 5",

einen Satz, der mit behauptender Kraft ausgesprochen werden darf. Hier ist nirgends von einer Auflösung des Gedankens, von der Trennung seiner Teile etwas zu merken.

Wie könnte denn ein Gedanke aufgelöst werden? Wie könnte der Zusammenhang seiner Teile zerrissen werden? Die Welt der Gedanken hat ihr Abbild in der Welt der Sätze, Ausdrücke, Wörter, Zeichen. Dem Aufbau des Gedankens entspricht die Zusammensetzung des Satzes aus Wörtern, wobei die Reihenfolge im allgemeinen nicht gleichgültig ist. Der Auflösung, der Zerstörung des Gedankens wird demgemäß eine Auseinanderreißung der Wörter entsprechen, welche etwa geschieht, wenn ein auf Papier geschriebener Satz mit der Schere zerlegt wird, so daß auf jedem der Papierschnitzel der Ausdruck eines Gedankenteils steht. Diese Schnitzel können dann beliebig durcheinandergeworfen oder vom Winde entführt werden. Der Zusammenhang ist gelöst, die ursprüngliche Anordnung ist nicht mehr erkennbar. Geschieht das, wenn wir einen Gedanken verneinen? Nein! Der Gedanke würde ja auch diese seine Hinrichtung *in effigie* unzweifelhaft überdauern. Sondern das Wort „nicht" wird in die sonst unveränderte Anordnung der Wörter eingeschoben. Der ursprüngliche Wortlaut ist noch erkennbar; die Anordnung darf nicht willkürlich verändert werden. Ist das Auflösung, Trennung? Im Gegenteil! das Ergebnis ist ein festgefügter Bau.

Besonders deutlich läßt sich aus der Betrachtung des Gesetzes *duplex negatio affirmat* erkennen, daß das Verneinen keine trennende, auflösende Wirkung hat. Ich gehe aus von dem Satz

„Die Schneekoppe ist höher als der Brocken."

Durch Einschiebung eines „nicht" erhalte ich

„Die Schneekoppe ist nicht höher als der Brocken."

Beide Sätze sind ohne behauptende Kraft auszusprechen. Eine zweite Verneinung erbrächte etwa den Satz:

„Es ist nicht wahr, daß die Schneekoppe nicht höher als der Brocken ist."

Wir wissen schon: das erste Verneinen kann keine Auflösung des Gedankens bewirken; aber nehmen wir trotzdem einmal an, daß wir nach dem ersten Verneinen nur Gedankentrümmer hätten. Dann müßten wir annehmen, das zweite Verneinen könnte diese Trümmer wieder zusammenfügen. Das Verneinen gliche also einem Schwerte, das die Glieder, die es abgehauen, auch wieder anheilen könnte. Aber dabei wäre größte Vorsicht geboten. Die Gedankenteile sind ja durch das erste Verneinen ganz zusammenhanglos und beziehunglos geworden. So könnte man bei unvorsichtiger Anwendung der Heilkraft des Verneinens leicht den Satz erhalten

„Der Brocken ist höher als die Schneekoppe".

Kein Ungedanke wird durch Verneinen zum Gedanken, wie kein Gedanke durch Verneinen zum Ungedanken wird.

Auch ein Satz, der das Wort „nicht" im Prädikate enthält, kann einen Gedanken ausdrücken, der zum Inhalte einer Frage gemacht werden kann, einer Frage, welche die Entscheidung über die Antwort offen läßt, wie jede Satzfrage.

Welche Gegenstände sollen denn nun eigentlich durch das Verneinen getrennt werden? Satzteile sind es nicht; Gedankenteile ebensowenig. Dinge der Außenwelt? Diese kümmern sich um unser Verneinen gar nicht. Vorstellungen in der Innenwelt des Verneinenden? Aber woher weiß denn der Geschworene, welche seiner Vorstellungen er unter Umständen zu trennen haben würde? Die ihm vorgelegte Frage bezeichnet ihm keine. Sie mag Vorstellungen in ihm anregen. Aber die Vorstellungen, die in den Innenwelten der Geschworenen angeregt werden, sind verschieden. Und dann nähme jeder Geschworene seine eigene Trennung in seiner eigenen Innenwelt vor, und das wäre kein Urteil.

Es scheint demnach nicht möglich anzugeben, was denn eigentlich durch das Verneinen aufgelöst, zerlegt oder getrennt werde.

Mit dem Glauben an die trennende, auflösende Kraft des Verneinens hängt es zusammen, daß man einen verneinenden Gedanken für weniger brauchbar hält als einen bejahenden. Für ganz unnütz wird man ihn doch auch nicht halten können. Man betrachte den Schluß:

„Wenn der Angeklagte zur Zeit des Mordes nicht in Berlin gewesen ist, hat er den Mord nicht begangen; nun ist der Angeklagte zur Zeit des Mordes nicht in Berlin gewesen; also hat er den Mord nicht begangen."

und vergleiche ihn mit folgendem Schlusse:

„Wenn der Angeklagte zur Zeit des Mordes in Rom gewesen ist, hat er den Mord nicht begangen; nun ist der Angeklagte zur Zeit des Mordes in Rom gewesen; also hat er den Mord nicht begangen."

Beide Schlüsse gehen in derselben Form vor, und es besteht nicht der geringste sachliche Grund, in dem Ausdrucke des hierbei zugrunde liegenden Schlußgesetzes verneinende von bejahenden Prämissen zu unterscheiden. Man spricht von bejahenden und verneinenden Urteilen. Auch Kant tut das. In meine Redeweise übersetzend, wird man bejahende von verneinenden Gedanken unterscheiden. Eine für die Logik wenigstens ganz unnötige Unterscheidung, deren Grund außerhalb der Logik zu suchen ist. Mir ist kein logisches Gesetz bekannt, bei dessen Wortausdrucke es nötig oder auch nur vorteilhaft wäre, diese Bezeichnungen zu ge-

61

brauchen[3]. In jeder Wissenschaft, in der überhaupt von Gesetzmäßigkeit die Rede sein kann, ist immer zu fragen: welche Kunstausdrücke sind nötig oder wenigstens nützlich, um die Gesetze dieser Wissenschaft genau auszudrücken? Was solche Prüfung nicht besteht, ist vom Übel.

Dazu kommt, daß es gar nicht leicht ist, anzugeben, was ein verneinendes Urteil (ein verneinender Gedanke) sei. Man betrachte die Sätze „Christus ist unsterblich", „Christus lebt ewig", „Christus ist nicht unsterblich", „Christus ist sterblich", „Christus lebt nicht ewig". Wo haben wir nun hier einen bejahenden, wo einen verneinenden Gedanken?

Wir sind gewohnt anzunehmen, das Verneinen erstrecke sich auf den ganzen Gedanken, wenn sich das „nicht" mit dem Verbum des Prädikats verbindet. Aber das Verneinungswort bildet grammatisch auch zuweilen einen Teil des Subjekts wie in dem Satze „kein Mensch wird über hundert Jahre alt". Eine Verneinung kann irgendwo in einem Satze stecken, ohne daß der Gedanke dadurch unzweifelhaft ein verneinender würde. Man sieht, zu welchen kniffligen Fragen der Ausdruck „verneinendes Urteil" (verneinender Gedanke) führen kann. Endlose, mit größtem Scharfsinn geführte und doch im wesentlichen unfruchtbare Streite können die Folge sein. Deshalb stimme ich dafür, daß man die Unterscheidung von verneinenden und bejahenden Urteilen oder Gedanken so lange ruhen lasse, bis man ein Kennzeichen habe, von dem man in jedem Falle ein verneinendes Urteil von einem bejahenden mit Sicherheit unterscheiden könne. Wenn man ein solches Merkmal hat, wird man auch erkennen, welcher Nutzen etwa von jener Unterscheidung zu erhoffen sei. Ich bezweifle zunächst noch, daß dies gelingen werde. Der Sprache wird man dieses Merkmal nicht entnehmen können; denn die Sprachen sind in logischen Fragen unzuverlässig. Ist es doch nicht eine der geringsten Aufgaben des Logikers, auf die Fallstricke hinzuweisen, die von der Sprache dem Denkenden gelegt werden.

Nachdem man Irrtümer widerlegt hat, kann es nützlich sein, den Quellen nachzugehen, aus denen sie geflossen sind. Eine dieser Quellen scheint mir hier das Bedürfnis zu sein, Definitionen der

---

[3] So habe ich denn auch in meinem Aufsatze: Der Gedanke (Beiträge zur Philosophie des Deutschen Idealismus, 1. Band, S. 58) den Ausdruck „verneinender Gedanke" nicht gebraucht. Die Unterscheidung von verneinenden und bejahenden Gedanken hätte die Sache nur verwirrt. Nirgends wäre Gelegenheit gewesen, von den bejahenden Gedanken etwas auszusagen und die verneinenden davon auszuschließen oder von den verneinenden etwas auszusagen und die bejahenden davon auszuschließen. [Vgl. diese Ausgabe S. 30—53. Hrsg.]

Begriffe zu geben, die man behandeln will. Gewiß ist das Bestreben lobenswert, sich den Sinn, den man mit einem Ausdrucke verbindet, möglichst klar zu machen. Dabei ist aber nicht zu vergessen, daß sich nicht alles definieren läßt. Wenn man durchaus etwas definieren will, was seinem Wesen nach nicht definierbar ist, hängt man sich leicht an unwesentliche Nebensachen und bringt dadurch die Untersuchung gleich anfangs auf ein falsches Gleis. Und so ist es wohl manchen ergangen, die erklären wollten, was ein Urteil sei, indem sie auf die Zusammengesetztheit verfielen[4]. Das Urteil ist zusammengesetzt aus Teilen, die eine gewisse Ordnung, einen Zusammenhang haben, in Beziehungen zueinander stehen. Aber bei welchem Ganzen haben wir das nicht?

Damit verbindet sich ein anderer Fehler, nämlich die Meinung, der Urteilende stifte durch sein Urteilen den Zusammenhang, die Ordnung der Teile und bringe dadurch das Urteil zustande. Dabei ist das Fassen eines Gedankens und die Anerkennung seiner Wahrheit nicht auseinandergehalten. In vielen Fällen freilich folgen diese Taten so unmittelbar aufeinander, daß sie in eine Tat zusammenzuschmelzen scheinen, aber nicht in allen. Jahre mühevoller Untersuchungen können zwischen dem Fassen des Gedankens und der Anerkennung seiner Wahrheit liegen. Daß durch dieses Urteilen der Gedanke, der Zusammenhang seiner Teile

---

[4] Den Sprachgebrauch des Lebens trifft man wohl am besten, wenn man unter einem Urteile eine Tat des Urteilens versteht, wie ein Sprung eine Tat des Springens ist. Dabei bleibt freilich der Kern der Schwierigkeit ungelöst; er steckt nun in dem Worte „Urteilen". Urteilen, kann man weiter sagen, ist etwas als wahr anerkennen. Was als wahr anerkannt wird, kann nur ein Gedanke sein. Der ursprüngliche Kern scheint sich nun gespalten zu haben; ein Teil davon steckt im Worte „Gedanke", der andere im Worte „wahr". Hier wird man wohl stehen bleiben müssen. Daß man nicht ins Unendliche immer weiter definieren könne, darauf muß man sich ja von vornherein gefaßt machen.
Wenn das Urteil eine Tat ist, so geschieht es zu einer gewissen Zeit und gehört nachher der Vergangenheit an. Zu einer Tat gehört auch ein Täter, und man kennt die Tat nicht vollständig, wenn man den Täter nicht kennt. Dann kann man von einem synthetischen Urteile in dem üblichen Sinne nicht sprechen. Wenn man dieses, daß durch zwei Punkte nur eine gerade Linie geht, ein synthetisches Urteil nennt, so versteht man unter „Urteil" nicht eine Tat, die von einem bestimmten Menschen zu einer bestimmten Zeit getan worden ist, sondern etwas, was zeitlos wahr ist, auch dann, wenn sein Wahrsein von keinem Menschen anerkannt wird. Wenn man solches eine Wahrheit nennt, kann man statt „synthetisches Urteil" vielleicht besser „synthetische Wahrheit" sagen. Zieht man trotzdem den Ausdruck „synthetisches Urteil" vor, so muß man dabei von dem Sinne des Verbums „Urteilen" absehen.

nicht gestiftet werde, ist offenbar; denn er bestand schon vorher. Aber auch das Fassen eines Gedankens ist nicht ein Schaffen des Gedankens, ist nicht ein Stiften der Ordnung seiner Teile; denn der Gedanke war schon vorher wahr, bestand also schon in der Ordnung seiner Teile, bevor er gefaßt wurde. Ebensowenig wie ein Wanderer, der ein Gebirge überschreitet, dadurch dieses Gebirge schafft, schafft der Urteilende dadurch einen Gedanken, daß er ihn als wahr anerkennt. Täte er es, so könnte nicht derselbe Gedanke gestern von jenem und heute von diesem als wahr anerkannt werden; ja nicht einmal von demselben könnte derselbe Gedanke zu verschiedenen Zeiten als wahr anerkannt werden, man müßte denn annehmen, das Sein dieses Gedankens wäre ein unterbrochenes.

Wenn man es für möglich hält, durch sein Urteilen das, was man durch sein Urteilen als wahr anerkennt, zu schaffen, indem man den Zusammenhang, die Ordnung seiner Teile stiftet, so liegt es nahe, sich auch die Fähigkeit des Zerstörens zuzutrauen. Wie das Zerstören dem Aufbauen, dem Stiften von Ordnung und Zusammenhang, entgegengesetzt ist, so scheint das Verneinen dem Urteilen gegenüberzustehen, und man gelangt leicht zu der Annahme, daß die Zerreißung der Zusammenhänge durch das Verneinen ebenso geschehe wie das Aufbauen durch das Urteilen. So erscheinen Urteilen und Verneinen als ein Paar entgegengesetzter Pole, die eben als Paar gleichen Ranges sind, vergleichbar etwa mit dem Oxydieren und Reduzieren in der Chemie. Wenn man aber eingesehen hat, daß durch das Urteilen kein Zusammenhang gestiftet wird, sondern daß die Ordnung der Teile des Gedankens schon vor dem Urteilen bestanden hat, erscheint alles in anderm Lichte. Es muß immer wieder darauf hingewiesen werden, daß das Fassen eines Gedankens noch kein Urteilen ist, daß man einen Gedanken in einem Satze ausdrücken kann, ohne ihn damit als wahr zu behaupten, daß im Prädikate eines Satzes ein Verneinungswort enthalten sein kann und daß der Sinn dieses Wortes dann Bestandteil des Sinnes des Satzes, Bestandteil eines Gedankens ist, daß man durch das Einfügen eines „nicht" in das Prädikat eines ohne behauptende Kraft auszusprechenden Satzes einen Satz erhält, der wie der ursprüngliche einen Gedanken ausdrückt. Nennt man nun ein solches Übergehen von einem Gedanken zum entgegengesetzten Verneinen, so ist dieses Verneinen gar nicht gleichen Ranges mit dem Urteilen und gar nicht als entgegengesetzter Pol zum Urteilen aufzufassen; denn beim Urteilen handelt es sich immer um Wahrheit, wohingegen man von einem Gedanken zum entgegengesetzten übergehen kann, ohne nach der Wahrheit zu fragen. Um Mißverständnis auszuschließen, sei noch bemerkt, daß dieses Übergehen in dem Bewußtsein eines Denkenden geschieht, daß aber sowohl der Gedanke, von dem übergegangen wird, als auch der Gedanke, zu dem übergegangen wird, bestanden haben, bevor dies geschieht, daß also durch diesen seelischen Vorgang an dem Bestande und an den Beziehungen der Gedanken zueinander nichts geändert wird.

Vielleicht ist dasjenige Verneinen, das als Gegenpol des Urteilens ein fragwürdiges Dasein fristet, ein chimärisches Gebilde, zusammengewachsen aus dem Urteilen und jener Verneinung, die ich als möglichen Bestandteil des Gedankens anerkannt habe und der in der Sprache das Wort „nicht" als Bestandteil des Prädikates entspricht, chimärisch deshalb, weil diese Teile ganz ungleichartig sind. Das Urteilen nämlich als seelischer Vorgang bedarf des Urteilenden als seines Trägers; die Verneinung aber als Bestandteil des Gedankens bedarf wie der Gedanke selbst keines Trägers, ist nicht als Bewußtseinsinhalt aufzufassen. Und doch ist es nicht ganz unverständlich, wie wenigstens der Schein eines solchen chimärischen Gebildes entstehen kann. Die Sprache hat ja kein besonderes Wort, keine besondere Silbe für die behauptende Kraft, sondern diese liegt in der Form des Behauptungssatzes, die sich besonders im Prädikate ausprägt. Andererseits steht das Wort „nicht" in engster Verbindung mit dem Prädikate, als dessen Bestandteil man es ansehen kann. So mag sich zwischen dem Worte „nicht" und der behauptenden Kraft, die ja sprachlich dem Urteilen entspricht, eine Verbindung zu bilden scheinen.

Aber es ist lästig, die beiden Arten des Verneinens zu unterscheiden. Den Gegenpol des Urteilens habe ich ja eigentlich nur eingeführt, um mich einer mir fremden Auffassung anzubequemen. Ich kehre nun zu meiner ursprünglichen Redeweise zurück. Was ich vorübergehend als Gegenpol des Urteilens bezeichnet habe, will ich nun als eine zweite Art des Urteilens ansehen, ohne damit zuzugeben, daß es eine solche zweite Art gebe. Ich will also Pol und Gegenpol unter dem gemeinsamen Namen „Urteilen" zusammenfassen, was geschehen kann, weil Pol und Gegenpol ja doch zusammengehören. Dann wird die Frage so zu stellen sein:

Gibt es zwei verschiedene Weisen des Urteilens, von denen jene bei der bejahenden, diese bei der verneinenden Antwort auf eine Frage gebraucht wird? Oder ist das Urteilen in beiden Fällen dasselbe? Gehört das Verneinen zum Urteilen? Oder ist die Verneinung Teil des Gedankens, der dem Urteilen unterliegt? Ist das Urteilen auch im Falle der verneinenden Antwort auf eine Frage die Anerkennung der Wahrheit eines Gedankens? Dann wird dieser nicht der in der Frage unmittelbar enthaltene, sondern der diesem entgegengesetzte Gedanke sein.

Es laute die Frage z. B.: „Hat der Angeklagte sein Haus absichtlich in Brand gesteckt?" Wie wird die Antwort als Behauptungssatz lauten können, wenn sie verneinend ausfällt? Wenn es für das Verneinen eine besondere Urteilsweise gibt, müssen wir dementsprechend eine besondere Behauptungsweise haben. Ich sage etwa in diesem Falle „es ist falsch, daß ..." und setze fest, daß dieses immer mit behauptender Kraft verbunden sein solle. Dann wird die Antwort etwa lauten: „Es ist falsch, daß der Angeklagte sein Haus absichtlich in Brand gesteckt habe." Wenn es dagegen nur eine einzige Weise des Urteilens gibt, wird man mit behauptender Kraft sagen: „Der Angeklagte hat sein Haus nicht absichtlich in Brand gesteckt". Und hier wird der Gedanke als wahr hingestellt, der dem in der Frage ausgedrückten entgegengesetzt ist. Das Wort „nicht" gehört hier zum Ausdrucke dieses Gedankens. Ich erinnere nun an die beiden Schlüsse, die ich vorhin miteinander verglichen habe. Dabei war die zweite Prämisse des ersten Schlusses die verneinende Antwort auf die Frage „Ist der Angeklagte zur Zeit des Mordes in Berlin gewesen?" und zwar die für den Fall gewählte, daß es nur eine Weise des Urteilens gibt. Der in dieser Prämisse enthaltene Gedanke ist in dem Bedingungssatze der ersten Prämisse, aber ohne behauptende Kraft ausgesprochen, enthalten. Die zweite Prämisse des zweiten Schlusses war die bejahende Antwort auf die Frage „Ist der Angeklagte zur Zeit des Mordes in Rom gewesen?" Diese Schlüsse gehen nach demselben Schlußgesetze vor, und das stimmt gut zu der Meinung, das Urteilen sei dasselbe im Falle einer verneinenden wie im Falle einer bejahenden Antwort auf eine Frage. Wenn wir dagegen im Falle des Verneinens eine besondere Weise des Urteilens anerkennen müßten, der im Reiche der Worte und Sätze eine besondere Weise des Behauptens entspräche, würde die Sache anders. Die erste Prämisse des ersten Schlusses lautete wie vorhin: „Wenn der Angeklagte zur Zeit des Mordes nicht in Berlin gewesen ist, hat er den Mord nicht begangen".

Hier dürfte nicht gesagt werden „Wenn es falsch ist, daß der Angeklagte zur Zeit des Mordes in Berlin gewesen ist"; denn es ist festgesetzt worden, daß die Worte „es ist falsch" immer mit behauptender Kraft verbunden sein sollen; mit der Anerkennung der Wahrheit dieser ersten Prämisse wird aber weder die in ihr enthaltene Bedingung noch die Folge als wahr anerkannt. Dagegen muß nun die zweite Prämisse lauten: „Es ist falsch, daß der Angeklagte zur Zeit des Mordes in Berlin gewesen ist"; denn als Prämisse ist sie mit behauptender Kraft auszusprechen. Nun ist der Schluß nicht mehr wie vorhin möglich, weil der Gedanke der zweiten Prämisse nicht mehr mit dem der Bedingung der ersten

Prämisse zusammenfällt, sondern der Gedanke ist, daß der Angeklagte zur Zeit des Mordes in Berlin gewesen ist. Wenn man den Schluß dennoch gelten lassen will, erkennt man damit an, daß in der zweiten Prämisse der Gedanke, daß der Angeklagte zur Zeit des Mordes nicht in Berlin gewesen ist, enthalten ist. Damit trennt man das Verneinen von dem Urteilen, nimmt es aus dem Sinne von „es ist falsch, daß . . .“ heraus und vereinigt die Verneinung mit dem Gedanken.

So ist denn die Annahme von zwei verschiedenen Weisen des Urteilens zu verwerfen. Aber was hängt denn von dieser Entscheidung ab? Vielleicht könnte man sie für wertlos halten, wenn dadurch nicht eine Ersparung an logischen Urbestandteilen und an dem, was ihnen sprachlich entspricht, bewirkt würde. Bei der Annahme von zwei verschiedenen Weisen des Urteilens haben wir nötig:

1. die behauptende Kraft im Falle des Bejahens,

2. die behauptende Kraft im Falle des Verneinens, etwa in unlöslicher Verbindung mit dem Worte „falsch“,

3. ein Verneinungswort wie „nicht“ in Sätzen, die ohne behauptende Kraft ausgesprochen werden.

Nehmen wir dagegen nur eine einzige Weise des Urteilens an, haben wir dafür nur nötig

1. die behauptende Kraft,

2. ein Verneinungswort.

Eine solche Ersparung zeigt immer eine weitergetriebene Zerlegung an, und diese bewirkt eine klarere Einsicht. Damit hängt eine Ersparung eines Schlußgesetzes zusammen. Wo wir bei unserer Entscheidung mit einem solchen auskommen, brauchten wir sonst zwei. Wenn wir mit einer Art des Urteilens auskommen können, dann müssen wir es auch, und dann können wir nicht eine Art des Urteilens der Stiftung von Ordnung und Zusammenhang, eine andere der Zerstörung zuweisen.

Zu jedem Gedanken gehört demnach ein ihm widersprechender[5] Gedanke derart, daß ein Gedanke dadurch als falsch erklärt wird, daß der ihm widersprechende als wahr anerkannt wird. Der den widersprechenden Gedanken ausdrückende Satz wird mittels eines Verneinungswortes aus dem Ausdrucke des ursprünglichen Gedankens gebildet.

Das Verneinungswort oder die Verneinungssilbe scheint sich oft einem Teile des Satzes, z. B. dem Prädikate enger anzuschließen.

---

[5] Man könnte auch sagen „ein entgegengesetzter“.

Und daraus kann die Meinung entstehen, es werde nicht der Inhalt des ganzen Satzes, sondern nur der dieses Satzteils verneint. Man kann einen Mann unberühmt nennen und damit den Gedanken, daß er berühmt sei, als falsch hinstellen. Man kann das als verneinende Antwort auf die Frage „Ist der Mann berühmt?" auffassen, woraus zu ersehen ist, daß man damit nicht nur den Sinn eines Wortes verneint. Es ist unrichtig zu sagen „weil sich die Verneinungssilbe mit einem Satzteile verbunden hat, wird nicht der Sinn des ganzen Satzes verneint". Vielmehr: dadurch, daß sich die Verneinungssilbe mit einem Teile des Satzes verbunden hat, wird der Inhalt des ganzen Satzes verneint. Das soll heißen, dadurch entsteht ein Satz, dessen Gedanke dem des ursprünglichen Satzes widerspricht.

Daß die Verneinung sich zuweilen nur auf einen Teil des ganzen Gedankens erstreckt, soll damit nicht bestritten werden.

Der einem Gedanken widersprechende Gedanke ist der Sinn eines Satzes, aus dem der Satz leicht herstellbar ist, der jenen ausdrückt. Demgemäß erscheint der einem Gedanken widersprechende Gedanke zusammengesetzt aus jenem und der Verneinung. Ich meine damit nicht die Tätigkeit des Verneinens. Aber die Wörter „zusammengesetzt", „bestehen", „Bestandteil", „Teil" können zu einer unrichtigen Auffassung verleiten. Wenn man hier von Teilen sprechen will, so stehen diese Teile doch nicht in derselben Selbständigkeit nebeneinander, wie man es sonst von Teilen eines Ganzen gewohnt ist. Der Gedanke nämlich bedarf zu seinem Bestande keiner Ergänzung, er ist in sich vollständig. Dagegen bedarf die Verneinung einer Ergänzung durch einen Gedanken. Die beiden Bestandteile, wenn man diesen Ausdruck gebrauchen will, sind ganz ungleichartig und tragen in ganz verschiedener Weise zur Bildung des Ganzen bei. Jener ergänzt; dieser wird ergänzt. Und durch dieses Ergänzen wird das Ganze zusammengehalten. Um die Ergänzungsbedürftigkeit auch im Sprachlichen erkennbar zu machen, kann man schreiben „die Verneinung von . . .". Hierbei deutet die Lücke hinter dem „von" an, wo das Ergänzende einzusetzen ist. Denn dem Ergänzen im Reiche der Gedanken und Gedankenteile entspricht etwas Ähnliches im Reiche der Sätze und Satzteile. Statt der Präposition „von" mit folgendem Substantiv kann übrigens der Genitiv des Substantivs stehen, was meist sprachgemäßer sein mag, sich aber nicht gut im Ausdrucke des ergänzungsbedürftigen Teils andeuten läßt. Ein Beispiel möge noch deutlicher machen, wie ich es meine. Der dem Gedanken,

$$\text{daß } \left(\frac{21}{20}\right)^{100} \text{ gleich } \sqrt[10]{10^{21}} \text{ ist,}$$

widersprechende Gedanke ist der,

$$\text{daß } \left(\frac{21}{20}\right)^{100} \text{ nicht gleich } \sqrt[10]{10^{21}} \text{ ist.}$$

Man kann dafür auch sagen: „der Gedanke,

$$\text{daß } \left(\frac{21}{20}\right)^{100} \text{ nicht gleich } \sqrt[10]{10^{21}} \text{ ist,}$$

ist die Verneinung des Gedankens,

$$\text{daß } \left(\frac{21}{20}\right)^{100} \text{ gleich } \sqrt[10]{10^{21}} \text{ ist.“}$$

Dieser letzte Ausdruck nach dem vorletzten „ist" läßt die Zu-sammensetzung des Gedankens aus einem ergänzungsbedürftigen Teile und einem diesen ergänzenden erkennen. Ich werde hier das Wort „Verneinung" von nun an — außer etwa in Anführungs-zeichen — immer nur mit dem bestimmten Artikel gebrauchen. Der bestimmte Artikel „die" in dem Ausdrucke

„die Verneinung des Gedankens, daß 3 größer als 5 ist"

läßt erkennen, daß dieser Ausdruck ein bestimmtes Einzelnes bezeichnen soll. Dieses Einzelne ist hier ein Gedanke. Der be-stimmte Artikel macht den ganzen Ausdruck zu einem Einzel-namen, einem Vertreter eines Eigennamens.

Die Verneinung eines Gedankens ist also selber ein Gedanke und kann wieder zur Ergänzung der Verneinung dienen. Indem ich die Verneinung des Gedankens, daß $\left(\frac{21}{20}\right)^{100}$ gleich $\sqrt[10]{10^{21}}$ sei, zur Ergänzung der Verneinung gebrauche, erhalte ich

die Verneinung der Verneinung des Gedankens, daß $\left(\frac{21}{20}\right)^{100}$ gleich $\sqrt[10]{10^{21}}$ sei.

Das ist wieder ein Gedanke. Bezeichnungen von so gebildeten Gedanken erhält man nach dem Muster

„die Verneinung der Verneinung von A",

wobei „A" die Bezeichnung eines Gedankens vertritt. Eine solche Bezeichnung ist

zunächst zusammengesetzt zu denken aus den Teilen

„die Verneinung von ..."

und

„die Verneinung von A".

Es ist aber auch die Auffassung möglich, daß sie gebildet ist aus den Teilen

„die Verneinung der Verneinung von ...“

und „A“.

Hier habe ich den mittleren Teil der Bezeichnung zunächst mit dem links davon stehenden Teil vereinigt und dann das so Gewonnene mit dem rechts stehenden Teile „A“, während ursprünglich der mittlere Teil mit „A“ vereinigt und die so erhaltene Bezeichnung

„die Verneinung von A“

mit dem links stehenden

„die Verneinung von ...“

vereinigt wurde. Den beiden verschiedenen Auffassungen der Bezeichnung entsprechen auch zwei verschiedene Auffassungen des Aufbaues des bezeichneten Gedankens.

Bei der Vergleichung der Bezeichnungen

„die Verneinung der Verneinung davon, daß $\left(\frac{21}{20}\right)^{100}$ gleich $\sqrt[10]{10^{21}}$ ist“

und

„die Verneinung der Verneinung davon, daß 5 größer als 3 ist“

erkennt man einen gemeinsamen Bestandteil

„die Verneinung der Verneinung von ...“,

der die Bezeichnung eines gemeinsamen ergänzungsbedürftigen Gedankenteils ist. Dieser wird in jedem der beiden Fälle durch einen Gedanken ergänzt, im ersten Falle durch den Gedanken, daß $\left(\frac{21}{20}\right)^{100}$ gleich $\sqrt[10]{10^{21}}$ ist, im zweiten Falle durch den Gedanken, daß 5 größer als 3 ist. Das Ergebnis dieser Ergänzung ist in jedem der beiden Fälle ein Gedanke. Den gemeinsamen ergänzungsbedürftigen Bestandteil kann man doppelte Verneinung nennen. Dieses Beispiel zeigt, wie ein Ergänzungsbedürftiges mit einem Ergänzungsbedürftigen zu einem Ergänzungsbedürftigen verschmelzen kann. Hier liegt der sonderbare Fall vor, daß etwas — die Verneinung von ... — mit sich selbst verschmilzt. Dabei versagen allerdings die aus dem Gebiete der Körperlichkeit entnommenen Bilder; denn ein Körper kann nicht mit sich selbst verschmelzen, so daß etwas von ihm selbst Verschiedenes entsteht. Aber Körper sind ja auch nicht ergänzungsbedürftig in dem hier gemeinten Sinne. Kongruente Körper können wir zusammensetzen, und im Gebiete der Bezeichnungen haben wir auch hier Kongruenz. Kongruenten Bezeichnungen entspricht aber dasselbe im Gebiete des Bezeichneten.

Bildliche Ausdrücke, mit Vorsicht gebraucht, können immerhin etwas zur Verdeutlichung beitragen. Ich vergleiche das Ergänzungsbedürftige mit einer Hülle, die sich wie ein Rock nicht aus eigner Kraft aufrecht erhalten kann, sondern dazu eines Umhüllten bedarf. Der Umhüllte kann eine weitere Hülle — z. B. einen Mantel — anziehen. Die beiden Hüllen vereinigen sich zu einer Hülle. So ist eine zweifache Auffassung möglich. Man kann sagen, der schon mit einem Rocke Bekleidete werde nun noch von einer zweiten Hülle, einem Mantel umgeben, oder er habe eine aus zwei Hüllen — Rock und Mantel — zusammengesetzte Bekleidung. Diese Auffassungen sind durchaus gleichberechtigt. Die hinzukommende Hülle vereinigt sich immer mit der schon vorhandenen zu einer neuen. Freilich darf dabei nie vergessen werden, daß wir im Umhüllen und im Zusammensetzen Vorgänge in der Zeit haben, während das Entsprechende im Gebiete der Gedanken zeitlos ist.

Wenn A ein Gedanke ist, der nicht der Dichtung angehört, gehört auch die Verneinung von A der Dichtung nicht an. Von den beiden Gedanken A und der Verneinung von A ist dann immer einer und nur einer wahr. Ebenso ist dann von den beiden Gedanken der Verneinung von A und der Verneinung der Verneinung von A immer einer und nur einer wahr. Nun ist die Verneinung von A entweder wahr oder nicht wahr. Im ersteren Falle ist weder A noch die Verneinung der Verneinung von A wahr. Im andern Falle ist sowohl A als auch die Verneinung der Verneinung von A wahr. Von den beiden Gedanken — A und der Verneinung der Verneinung von A — ist also entweder jeder oder keiner wahr. Ich kann das auch so ausdrücken:

die einen Gedanken bekleidende doppelte Verneinung ändert den Wahrheitswert des Gedankens nicht.

LOGISCHE UNTERSUCHUNGEN · DRITTER TEIL: GEDANKENGEFÜGE

(Beitr. zur Philos. des deutschen Idealismus 3, 1923—1926, S. 36—51*)

Erstaunlich ist es, was die Sprache leistet, indem sie mit wenigen Silben unübersehbar viele Gedanken ausdrückt, daß sie sogar für einen Gedanken, den nun zum ersten Male ein Erdbürger gefaßt hat, eine Einkleidung findet, in der ihn ein anderer erkennen kann, dem er ganz neu ist. Dies wäre nicht möglich, wenn wir in dem Gedanken nicht Teile unterscheiden könnten, denen Satzteile entsprächen, so daß der Aufbau des Satzes als Bild gelten könnte des Aufbaues des Gedankens. Freilich sprechen wir eigentlich in einem Gleichnisse, wenn wir das Verhältnis von Ganzem und Teil auf den Gedanken übertragen. Doch liegt das Gleichnis so nahe und trifft im Ganzen so zu, daß wir das hie und da vorkommende Hinken kaum als störend empfinden.

Sieht man so die Gedanken an als zusammengesetzt aus einfachen Teilen und läßt man diesen wieder einfache Satzteile entsprechen, so wird es begreiflich, daß aus wenigen Satzteilen eine große Mannigfaltigkeit von Sätzen gebildet werden kann, denen wieder eine große Mannigfaltigkeit von Gedanken entspricht. Hier liegt es nun nahe zu fragen, wie der Aufbau des Gedankens geschieht und wodurch dabei die Teile zusammengefügt werden, so daß das Ganze etwas mehr wird als die vereinzelten Teile. In meinem Aufsatze *Die Verneinung*[1] habe ich den Fall betrachtet, daß ein Gedanke zusammengesetzt erscheint aus einem ergänzungsbedürftigen oder, wie man auch sagen kann, ungesättigten Teile, dem sprachlich das Verneinungswort entspricht, und einem Gedanken. Wir können nicht verneinen ohne etwas, was wir verneinen, und dieses ist ein Gedanke. Dadurch, daß der Gedanke den ungesättigten Teil sättigt oder, wie man auch sagen kann, den ergänzungsbedürftigen Teil ergänzt, wird der Zusammenhalt des Ganzen bewirkt. Und die Vermutung liegt nahe, daß im

---

* [Der Aufsatz erschien in Heft 1 des 3. Jg.s, das 1923 ausgegeben wurde. Vgl. Blätter f. dt. Philos. 1, 1927, S. 132. Hrsg.]
[1] Band I dieser Zeitschrift, S. 143. [Diese Ausgabe S. 54—71. Hrsg.]

Logischen überhaupt die Fügung zu einem Ganzen immer dadurch geschehe, daß ein Ungesättigtes gesättigt werde[2].

Hier soll nun ein besonderer Fall solcher Fügung betrachtet werden, nämlich der, daß zwei Gedanken zu einem einzigen zusammengefügt werden. Im Gebiete der Sprache wird dem die Zusammenfügung von zwei Sätzen zu einem Ganzen entsprechen, das ebenfalls ein Satz ist. Dem Worte „Satzgefüge" der Grammatik bilde ich den Ausdruck „Gedankengefüge" nach, ohne damit sagen zu wollen, daß jedes Satzgefüge als Sinn ein Gedankengefüge habe oder daß jedes Gedankengefüge Sinn eines Satzgefüges sei. Unter einem Gedankengefüge will ich einen Gedanken verstehen, der aus Gedanken besteht, aber nicht nur aus Gedanken. Ein Gedanke ist nämlich vollständig und gesättigt, bedarf, um bestehen zu können, keiner Ergänzung. Darum haften Gedanken nicht aneinander, wenn sie nicht durch etwas aneinandergefügt werden, was kein Gedanke ist. Wir dürfen vermuten, daß dieses Fügende ungesättigt ist. Das Gedankengefüge soll selbst ein Gedanke sein, nämlich etwas, von dem gilt: es ist entweder wahr oder falsch, ein Drittes gibt es nicht.

Nicht jeder Satz, der sprachlich aus Sätzen zusammengesetzt ist, kann uns ein brauchbares Beispiel liefern; denn die Grammatik kennt Sätze, die von der Logik nicht als eigentliche Sätze anerkannt werden können, weil sie keine Gedanken ausdrücken. Das zeigen uns die Relativsätze; denn in einem von seinem Hauptsatze getrennten Relativsatze können wir nicht erkennen, was mit dem Relativpronomen bezeichnet werden soll. Wir haben in einem solchen Satze keinen Sinn, nach dessen Wahrheit wir fragen könnten, mit andern Worten: wir haben als Sinn eines abgetrennten Relativsatzes keinen Gedanken. Wir dürfen also nicht erwarten, daß einem Satzgefüge, bestehend aus einem Hauptsatze und einem Relativsatze, als Sinn ein Gedankengefüge entspreche.

Erste Art der Gedankengefüge

Sprachlich scheint der Fall am einfachsten zu sein, daß ein Hauptsatz mit einem Hauptsatze durch „und" verbunden ist. Doch ist die Sache nicht so einfach, wie sie zunächst scheint; denn in einem Behauptungssatze ist zweierlei zu unterscheiden: der ausgedrückte Gedanke und die Behauptung. Nur auf jenen kommt es hier an; denn nicht Taten des Urteilens sollen verbunden werden[3]. Darum

---

[2] Hier wie im folgenden ist immer fest im Auge zu behalten, daß dieses Sättigen, dieses Fügen kein Vorgang in der Zeit ist.

[3] Die Logiker verstehen, wie es scheint, unter „Urteil" oft etwas, was ich Gedanken nenne. Ich sage: man urteilt, indem man einen Gedanken

73

verstehe ich die mit „und" zu verbindenden Sätze so, daß sie ohne behauptende Kraft auszusprechen sind. Am leichtesten wird man die behauptende Kraft dadurch los, daß man das Ganze in eine Frage verwandelt; denn in der Frage kann man denselben Gedanken ausdrücken wie im Behauptungssatze, aber ohne Behauptung. Wenn wir zwei Sätze, von denen keiner mit behauptender Kraft ausgesprochen wird, durch „und" verbinden, so ist zu fragen, ob der Sinn des so entstehenden Ganzen ein Gedanke sei. Dann muß nicht nur jeder der beiden Teilsätze, sondern auch das Ganze einen Sinn haben, der zum Inhalte einer Frage gemacht werden kann. Wenn die Geschworenen gefragt werden „Hat der Angeklagte den Holzhaufen absichtlich in Brand gesetzt und absichtlich einen Waldbrand bewirkt?" so kommt es darauf an, ob hierin zwei Fragen liegen sollen oder eine einzige. Wenn es den Geschworenen freisteht, die den Holzhaufen betreffende Frage zu bejahen, die den Waldbrand betreffende aber zu verneinen, so haben wir zwei Fragen, von denen jede einen Gedanken enthält. Ein aus diesen beiden Gedanken zusammengefügter Gedanke ist dann nicht in Frage. Wenn aber die Geschworenen nur „ja" oder „nein" antworten dürfen, ohne das Ganze in Teilfragen zu zerlegen — und das nehme ich hier an —, dann ist dieses Ganze eine einzige Frage, und diese ist nur dann zu bejahen, wenn der Angeklagte absichtlich sowohl den Holzhaufen in Brand gesetzt als auch den Waldbrand bewirkt hat. In jedem andern Falle ist die Frage zu verneinen. Wenn also ein Geschworener meint, der Angeklagte habe zwar den Holzhaufen absichtlich in Brand gesetzt, das Feuer habe sich dann aber ohne die Absicht des Angeklagten weiter verbreitet und den Wald ergriffen, so muß er die Frage verneinen. Dann* ist von den beiden Teilgedanken der Gedanke der ganzen Frage zu unterscheiden. Diese enthält außer den beiden Teilgedanken das, was sie zusammenfügt, und diesem entspricht sprachlich das „und". Dieses Wort wird hier in besonderer Weise gebraucht. Es kommt hier nur in Betracht als Bindewort zwischen eigentlichen Sätzen. Eigentlich nenne ich einen Satz, welcher einen Gedanken ausdrückt. Ein Gedanke aber ist etwas, von dem gilt: wahr oder falsch, ein Drittes gibt es nicht. Das „und", von dem hier die Rede ist, soll auch nur Sätze verbinden, welche ohne behauptende

---

als wahr anerkennt. Die Tat dieser Anerkennung nenne ich Urteil. Das Urteil wird kundgemacht durch einen mit behauptender Kraft ausgesprochenen Satz. Man kann aber einen Gedanken fassen und ausdrücken, ohne ihn als wahr anzuerkennen, d.h. ohne zu urteilen.

* [„Dann" Fehler statt „Darum"? Hrsg.]

Kraft ausgesprochen werden. Hiermit soll die Urteilsfällung nicht ausgeschlossen sein, aber sie soll, wenn sie vorkommt, sich auf das ganze Gedankengefüge beziehen. Wenn wir ein Gefüge der hier betrachteten ersten Art als wahr hinstellen wollen, können wir etwa die Wendung gebrauchen „es ist wahr, daß ... und daß ...‟ Ebensowenig wie Behauptungssätze soll unser „und‟ Fragesätze verbinden. In unserem Beispiele wird den Geschworenen nur eine einzige Frage vorgelegt. Der Gedanke aber, den diese Frage zur Beurteilung stellt, ist zusammengefügt aus zwei Gedanken. Der Geschworene hat in seiner Antwort nur ein einziges Urteil abzugeben. Nun kann das freilich als eine gesuchte Überfeinheit aussehen. Ist es nicht eigentlich dasselbe, ob der Geschworene erst die Frage „Hat der Angeklagte den Holzhaufen absichtlich in Brand gesetzt?‟ bejaht und dann die Frage „Hat der Angeklagte absichtlich einen Waldbrand bewirkt?‟ bejaht oder ob er die ganze vorgelegte Frage mit einem Schlage bejaht? Im Falle der Bejahung kann es so scheinen; der Unterschied wird deutlicher im Falle, daß die Frage verneint wird. Darum ist es nützlich, den Gedanken in einer Frage auszudrücken; denn dabei muß der Fall der Verneinung ebenso wie der der Bejahung betrachtet werden, wenn der Gedanke richtig erfaßt werden soll.

Das so in seiner Gebrauchsweise genauer bestimmte „und‟ erscheint zwiefach ungesättigt. Es fordert zu seiner Sättigung einen Satz, der vorhergeht, und einen Satz, der folgt. Auch was dem „und‟ im Gebiete des Sinnes entspricht, muß zwiefach ungesättigt sein. Indem es durch Gedanken gesättigt wird, fügt es* diese Gedanken zusammen[4]. Als bloßes Ding ist die Gruppe von Buchstaben „und‟ freilich ebensowenig ungesättigt als irgendein anderes Ding. Im Hinblick auf seine Gebrauchsweise als Zeichen, das einen Sinn ausdrücken soll, kann man es ungesättigt nennen, indem es hier nur in der Stellung zwischen zwei Sätzen den gemeinten Sinn haben kann. Sein Zweck als Zeichen verlangt eine Ergänzung durch einen vorhergehenden und einen nachfolgenden Satz. Eigentlich kommt das Ungesättigtsein im Gebiete des Sinnes vor und wird von da aus auf das Zeichen übertragen.

Wenn „A‟ ein eigentlicher Satz ist, der ohne behauptende Kraft und nicht als Frage ausgesprochen wird, und wenn dasselbe von „B‟ gilt, so ist „A und B‟ gleichfalls ein eigentlicher Satz, und sein Sinn ist ein Gedankengefüge erster Art. Dafür sage ich auch: „A und B‟ drückt ein Gedankengefüge erster Art aus.

---

* [Im Original „er‟ statt „es‟. Hrsg.]

[4] Vgl. Anm. auf S. 37 [diese Ausgabe S. 73, Hrsg].

Daß „B und A" denselben Sinn hat wie „A und B", sieht man ein ohne Beweis nur dadurch, daß man sich des Sinnes bewußt wird. Wir haben hier einen Fall, daß sprachlich verschiedenen Ausdrücken derselbe Sinn entspricht. Diese Abweichung des ausdrückenden Zeichens von dem ausgedrückten Gedanken ist eine unvermeidliche Folge der Verschiedenheit des in Raum und Zeit Erscheinenden von der Welt der Gedanken[5].

Schließlich mag auf einen Schluß hingewiesen werden, der hier gilt.

A ist wahr[6];

B ist wahr; also

ist (A und B) wahr.

Zweite Art der Gedankengefüge

Die Verneinung eines Gefüges erster Art eines Gedankens mit einem Gedanken ist selbst ein Gefüge derselben beiden Gedanken. Ein solches will ich Gedankengefüge zweiter Art nennen. Immer wenn ein Gefüge erster Art von zwei Gedanken falsch ist, ist das Gefüge zweiter Art dieser Gedanken wahr und umgekehrt. Ein Gefüge zweiter Art ist nur dann falsch, wenn jeder der gefügten Gedanken wahr ist. Ein Gedankengefüge zweiter Art ist immer wahr, wenn mindestens einer der gefügten Gedanken falsch ist. Hierbei ist immer vorausgesetzt, daß die Gedanken nicht der Dichtung angehören. Indem ich ein Gedankengefüge zweiter Art als wahr hinstelle, erkläre ich die gefügten Gedanken als unvereinbar *.

Ohne zu wissen, ob

$$\left(\frac{21}{20}\right)^{100} \text{ größer als } \sqrt[10]{10^{21}} \text{ sei,}$$

und ohne zu wissen, ob

$$\left(\frac{21}{20}\right)^{100} \text{ kleiner als } \sqrt[10]{10^{21}} \text{ sei,}$$

---

[5] Ein anderer Fall dieser Art ist der, daß „A und A" denselben Sinn hat wie „A".

[6] Wenn ich schreibe „A ist wahr", meine ich genauer „der in dem Satze „A" ausgedrückte Gedanke ist wahr". Ebenso in ähnlichen Fällen.

* [Dieser Ausdruck ist irreführend: Unvereinbarkeit setzt einen inhaltlichen Zusammenhang der Gedanken voraus; ein Gedankengefüge zweiter Art kann aber schon wahr sein, wenn beide Sätze nicht zugleich wahr sind, obwohl sie zusammen wahr sein könnten: z. B. „Heute ist Freitag" und „Gestern war Vollmond". Hrsg.]

kann ich doch erkennen, daß das Gefüge erster Art dieser beiden Gedanken falsch ist. Demnach ist das Gefüge zweiter Art dieser Gedanken wahr. Außer den gefügten Gedanken haben wir etwas, was sie fügt. Das Fügende ist auch hier zwiefach ungesättigt. Und die Fügung kommt dadurch zustande, daß die Teilgedanken das Fügende sättigen.

Um ein Gedankengefüge dieser Art kurz auszudrücken, schreibe ich

$$\text{„Nicht } [A \text{ und } B]\text{'',}$$

wobei „A" und „B" die den gefügten Gedanken entsprechenden Sätze sind. In diesem Ausdrucke tritt das Fügende deutlicher hervor; es ist der Sinn dessen, was in ihm außer den Buchstaben „A" und „B" vorhanden ist. Die beiden Lücken in dem Ausdrucke

$$\text{„Nicht } [\quad \text{und} \quad]\text{''}$$

lassen die zwiefache Ungesättigtheit erkennen. Das Fügende ist der zwiefach ungesättigte Sinn dieses zwiefach ungesättigten Ausdrucks. Wenn wir die Lücken durch Gedankenausdrücke ausfüllen, bilden wir einen Ausdruck eines Gedankengefüges zweiter Art. Man darf aber eigentlich nicht sagen, das Gedankengefüge entstehe so; denn es ist ein Gedanke, und ein Gedanke entsteht nicht.

In einem Gedankengefüge erster Art sind die beiden Gedanken vertauschbar. Dieselbe Vertauschbarkeit muß auch in der Verneinung eines Gedankengefüges erster Art, also in einem Gedankengefüge zweiter Art bestehen. Wenn also „Nicht [A und B]" ein Gedankengefüge ausdrückt, so drückt „Nicht [B und A]" dasselbe Gefüge derselben Gedanken aus. Diese Vertauschbarkeit ist hier ebensowenig wie bei den Gefügen erster Art als ein Lehrsatz aufzufassen; denn im Reiche des Sinnes besteht keine Verschiedenheit. Es ist also selbstverständlich, daß der Sinn des zweiten Satzgefüges wahr ist, wenn der des ersten wahr ist; denn es ist derselbe Sinn.

Auch hier mag ein Schluß angeführt werden.

$$\text{Nicht } [A \text{ und } B] \text{ ist wahr;}$$
$$A \text{ ist wahr; also}$$
$$\text{ist } B \text{ falsch.}$$

Dritte Art der Gedankengefüge

Das Gefüge erster Art der Verneinung eines ersten Gedankens mit der Verneinung eines zweiten Gedankens ist auch ein Gefüge des ersten Gedankens mit dem zweiten. Ich nenne es Gefüge dritter Art des ersten Gedankens mit dem zweiten. Es sei z. B. der erste Gedanke der, daß Paul lesen kann, der zweite Gedanke der, daß Paul schreiben kann. Dann ist das Gefüge dritter Art dieser beiden Gedanken der Gedanke, daß Paul weder lesen noch schreiben kann. Ein Gedankengefüge der dritten Art ist nur dann wahr, wenn jeder der beiden gefügten Gedanken falsch ist. Ein Gedankengefüge der dritten Art ist falsch, wenn mindestens einer der gefügten Gedanken wahr ist. Auch in dem Gedankengefüge dritter Art sind die beiden gefügten Gedanken vertauschbar. Wenn „A" einen Gedanken ausdrückt, so soll „nicht A" die Verneinung dieses Gedankens ausdrücken. Das Entsprechende gelte von „B". Wenn dann „A" und „B" eigentliche Sätze sind, so ist der Sinn von

„(nicht A) und (nicht B)",

wofür ich auch schreibe

„weder A, noch B",

das Gefüge dritter Art der beiden durch „A" und durch „B" ausgedrückten Gedanken.

Das Fügende ist hier der Sinn dessen, was außer den Buchstaben „A" und „B" in jenen Ausdrücken vorhanden ist. Die beiden Lücken in

„(nicht   ) und (nicht   )"

oder in

„weder   ,noch   "

deuten die zwiefache Ungesättigtheit dieser Ausdrücke an, die der zwiefachen Ungesättigtheit des Fügenden entspricht. Indem dieses durch Gedanken gesättigt wird, kommt das Gefüge dritter Art dieser Gedanken zustande.

Auch hier möge ein Schluß angeführt werden.

A ist falsch;

B ist falsch; also

ist (weder A noch B) wahr.

Die Klammer soll deutlich machen, daß ihr Inhalt das Ganze ist, dessen Sinn als wahr hingestellt wird.

Vierte Art der Gedankengefüge

Die Verneinung eines Gefüges dritter Art von zwei Gedanken ist gleichfalls ein Gefüge dieser beiden Gedanken. Ein solches möge Gedankengefüge vierter Art heißen. Das Gefüge vierter

Art von zwei Gedanken ist das Gefüge zweiter Art der Verneinungen dieser Gedanken. Wenn man ein solches Gedankengefüge als wahr hinstellt, sagt man damit, daß mindestens einer der gefügten Gedanken wahr ist. Ein Gedankengefüge vierter Art ist nur dann falsch, wenn jeder der gefügten Gedanken falsch ist. Wenn wieder „A" und „B" eigentliche Sätze sind, so ist der Sinn von

$$\text{„nicht [(nicht } A) \text{ und (nicht } B)]"}$$

ein Gedankengefüge vierter Art der durch „A" und „B" ausgedrückten Gedanken. Dasselbe gilt von

$$\text{„nicht [weder } A \text{ noch } B]".$$

Noch kürzer schreiben wir dafür

$$\text{„}A \text{ oder } B".$$

Das in diesem Sinne genommene „oder" steht nur zwischen Sätzen, und zwar eigentlichen Sätzen. Indem ich ein solches Gedankengefüge als wahr anerkenne, schließe ich nicht aus, daß beide gefügte Gedanken wahr sind. Wir haben hier das nicht ausschließende „oder". Das Fügende ist Sinn dessen, was in „A oder B" außer „A" und „B" vorkommt, also von

$$\text{„(} \qquad \text{oder} \qquad \text{)",}$$

wo die beiden Lücken links und rechts von „oder" die zwiefache Ungesättigtheit des Fügenden andeuten. Die durch „oder" verbun-. denen Sätze sind nur als Gedankenausdrücke aufzufassen, also einzeln nicht mit behauptender Kraft versehen. Dagegen kann das ganze Gedankengefüge als wahr anerkannt werden. Im sprachlichen Ausdrucke tritt das nicht deutlich hervor. Wenn behauptet wird „5 ist kleiner als 4 oder 5 ist größer als 4", hat jeder der Teilsätze die sprachliche Form, die er auch hätte, wenn er einzeln mit behauptender Kraft ausgesprochen würde, während in der Tat nur das ganze Gefüge als wahr hingestellt werden soll.

Vielleicht findet man, daß der hier angegebene Sinn des Wortes „oder" mit dem Sprachgebrauche nicht immer übereinstimmt. Hiergegen sei zunächst bemerkt, daß es bei der Festsetzung des Sinnes wissenschaftlicher Ausdrücke nicht die Aufgabe sein kann, den Sprachgebrauch des Lebens genau zu treffen; dieser ist ja meist für wissenschaftliche Zwecke ungeeignet, wo das Bedürfnis genauerer Prägung gefühlt wird. Es muß dem Naturforscher erlaubt sein, im Gebrauche des Wortes „Ohr"* von dem sonst Üblichen abzuweichen. Auf dem Gebiete der Logik können mitanklingende Nebengedanken stören. Nach dem, was über den Gebrauch von „oder" gesagt worden ist, kann wahrheitsgemäß

---

* [Statt „Ohr" zu lesen „Uhr"; „oder"? Hrsg.]

behauptet werden: „Friedrich der Große siegte bei Roßbach, oder zwei ist größer als drei". Da meint jemand: „Sonderbar! was hat der Sieg bei Roßbach mit dem Unsinn zu tun, daß zwei größer als drei sei?" Daß zwei größer als drei sei, ist falsch, aber kein Unsinn. Ob die Falschheit eines Gedankens leicht oder schwer einzusehn ist, macht für die Logik keinen Unterschied. Man ist gewohnt, bei Sätzen, die mit „oder" verbunden sind, anzunehmen, daß der Sinn des einen mit dem des andern etwas zu tun habe, daß zwischen ihnen irgend eine Verwandtschaft bestehe; und in einem gegebenen Falle wird man eine solche vielleicht auch angeben können; aber in einem andern Falle wird man eine andere haben, so daß es unmöglich sein wird, eine Sinnverwandtschaft anzugeben, die immer mit dem „oder" verknüpft wäre und zu dem Sinn dieses Wortes gerechnet werden könnte. Aber warum fügt der Redner den zweiten Satz überhaupt an? Wenn er behaupten will, daß Friedrich der Große bei Roßbach siegte, genügte ja dazu der erste Satz; daß der Redner nicht sagen will, zwei sei größer als drei, ist doch anzunehmen. Wenn der Redner sich mit dem ersten Satze begnügt hätte, hätte er mit weniger Worten mehr gesagt. Wozu also dieser Aufwand von Worten? Auch diese Fragen führen nur auf Nebengedanken. Welche Absichten und Beweggründe der Redner habe, gerade dies zu sagen und jenes nicht, geht uns hier gar nichts an, sondern nur das, was er sagt.

Die Gedankengefüge der vier ersten Arten haben das gemein, daß die gefügten Gedanken vertauschbar sind.

Auch hier folge noch ein Schluß:

$(A$ oder $B)$ ist wahr;

A ist falsch; also

ist $\quad B$ wahr.

Fünfte Art der Gedankengefüge

Wenn wir aus der Verneinung eines Gedankens und einem zweiten Gedanken ein Gefüge der ersten Art bilden, erhalten wir ein Gefüge fünfter Art des ersten Gedankens mit dem zweiten. Wenn „A" den ersten Gedanken, „B" den zweiten Gedanken ausdrückt, ist der Sinn von

„(nicht A) und B"

ein solches Gedankengefüge. Ein Gefüge dieser Art ist dann und nur dann wahr, wenn der erste gefügte Gedanke falsch, der zweite aber wahr ist. So ist z. B. das durch

„(nicht $3^2 = 2^3$) und $(2^4 = 4^2)$"

ausgedrückte Gedankengefüge wahr. Es ist der Gedanke, daß 3^2 nicht gleich 2^3 und 2^4 gleich 4^2 ist. Nachdem jemand erkannt hat, daß 2^4 gleich 4^2 ist, vermutet er vielleicht, daß allgemein Exponent und Basis einer Potenz vertauschbar seien. Diesen Irrtum sucht ein anderer abzuwehren, indem er sagt „2^4 ist gleich 4^2, aber 2^3 ist nicht gleich 3^2". Wenn man nun fragt, welcher Unterschied zwischen der Anfügung mit „und" und der mit „aber" bestehe, so ist zu antworten: Für das, was ich den Gedanken oder den Sinn des Satzes genannt habe, ist es ganz einerlei, ob die Wendung mit „und" oder die mit „aber" gewählt wird. Der Unterschied besteht nur in dem, was ich Beleuchtung[7] des Gedankens nenne; er gehört dem Gebiete der Logik nicht an.

Das Fügende in einem Gedankengefüge fünfter Art ist zwiefach ergänzungsbedürftiger Sinn des zwiefach ergänzungsbedürftigen Ausdrucks

$$\text{„(nicht \quad) und (\quad)".}$$

Hier sind die gefügten Gedanken nicht vertauschbar; denn

$$\text{„(nicht } B\text{) und } A\text{"}$$

drückt nicht dasselbe aus wie

$$\text{„(nicht } A\text{) und } B\text{".}$$

Die Stelle des ersten Gedankens im Gefüge ist nicht von derselben Art wie die des zweiten Gedankens. Da ich nicht wage, ein Wort neu zu bilden, bin ich genötigt, das Wort „Stelle" in übertragener Bedeutung zu gebrauchen. Vom geschriebenen Gedankenausdrucke sprechend wird man „Stelle" in der gewöhnlichen örtlichen Bedeutung nehmen. Der Stelle im Gedankenausdrucke muß etwas im Gedanken selbst entsprechen, und ich behalte hierfür das Wort „Stelle" bei. Hier können wir nicht einfach die Gedanken ihre Stellen wechseln lassen; aber wir können an die Stelle des ersten Gedankens die Verneinung des zweiten und zugleich an die Stelle des zweiten Gedankens die Verneinung des ersten setzen. Auch das muß freilich mit einem Körnchen Salz verstanden werden; denn ein Handeln in Raum und Zeit ist nicht gemeint. So erhalten wir aus

$$\text{„(nicht } A\text{) und } B\text{"}$$

$$\text{„(nicht (nicht } B\text{)) und (nicht } A\text{)".}$$

---

[7] Vgl. meinen Aufsatz „Der Gedanke" im ersten Band dieser Zeitschrift, S. 63. [Diese Ausgabe S. 36f. Hrsg.]

Da aber „nicht (nicht B)" denselben Sinn hat wie „B", haben wir

$$\text{„}B \text{ und (nicht } A)\text{",}$$

was dasselbe ausdrückt wie

$$\text{„(nicht } A) \text{ und } B\text{".}$$

Sechste Art der Gedankengefüge

Die Verneinung eines Gefüges fünfter Art eines Gedankens mit einem zweiten ist ein Gefüge sechster Art des ersten Gedankens mit dem zweiten. Man kann auch sagen: Das Gefüge zweiter Art der Verneinung des ersten Gedankens mit dem zweiten Gedanken ist ein Gefüge sechster Art des ersten Gedankens mit dem zweiten. Ein Gefüge fünfter Art eines ersten Gedankens mit einem zweiten ist dann und nur dann wahr, wenn der erste Gedanke falsch, der zweite Gedanke aber wahr ist. Daraus folgt, daß ein Gefüge sechster Art eines ersten Gedankens mit einem zweiten dann und nur dann falsch ist, wenn der erste Gedanke falsch, der zweite aber wahr ist. Ein solches Gedankengefüge ist also wahr, wenn der erste Gedanke wahr ist, einerlei, ob der zweite Gedanke wahr oder falsch ist. Ein solches Gedankengefüge ist auch wahr, wenn der zweite Gedanke falsch ist, einerlei, ob der erste Gedanke wahr oder falsch ist.
Ohne zu wissen, ob

$$\left(\left(\frac{21}{20}\right)^{100}\right)^2 \quad \text{größer als } 2^2$$

sei, und ohne zu wissen, ob

$$\left(\frac{21}{20}\right)^{100} \quad \text{größer als } 2$$

sei, kann ich doch erkennen, daß das Gefüge sechster Art des ersten Gedankens mit dem zweiten wahr ist. Die Verneinung des ersten Gedankens und der zweite Gedanke schließen einander aus. Man kann das so aussprechen:

„Wenn $\qquad \left(\frac{21}{20}\right)^{100}$ größer als 2 ist, so ist

$$\left(\left(\frac{21}{20}\right)^{100}\right)^2 \quad \text{größer als } 2^2 \text{."}$$

Statt „Gedankengefüge sechster Art" sage ich auch „hypothetisches Gedankengefüge" und nenne den ersten Gedanken „Folge", den zweiten „Bedingung" im hypothetischen Gedankengefüge. Demnach ist ein hypothetisches Gedankengefüge wahr, wenn die Folge wahr ist. Auch ist ein hypothetisches Gedankengefüge wahr, wenn die Bedingung falsch ist; einerlei, ob die Folge wahr oder falsch ist. Doch muß die Folge immer ein Gedanke sein. Es seien wieder „A" und „B" eigentliche Sätze, dann haben wir in

„nicht ((nicht A) und B)"

den Ausdruck eines hypothetischen Gefüges, dessen Folge der Sinn (Gedankeninhalt) von „A" und dessen Bedingung der Sinn von „B" ist. Wir können dafür auch schreiben

„Wenn B, so A".

Freilich können hier Bedenken entstehen. Man wird vielleicht finden, daß der Sprachgebrauch hierdurch nicht getroffen sei. Demgegenüber muß immer wieder betont werden, daß es der Wissenschaft erlaubt sein muß, ihren eigenen Sprachgebrauch zu haben, daß sie sich der Sprache des Lebens nicht immer unterwerfen kann. Eben darin sehe ich die größte Schwierigkeit der Philosophie, daß sie für ihre Arbeiten ein wenig geeignetes Werkzeug vorfindet, nämlich die Sprache des Lebens, für deren Ausbildung ganz andere Bedürfnisse mitbestimmend gewesen sind, als die der Philosophie. So ist auch die Logik genötigt, aus dem, was sie vorfindet, sich erst ein brauchbares Werkzeug zurechtzufeilen. Auch für diese Arbeit findet sie zuerst nur wenig brauchbare Werkzeuge vor.

Der Satz

„Wenn 2 größer als 3 ist, so ist 4 eine Primzahl"

wird gewiß von vielen für unsinnig erklärt werden, und doch ist er nach meiner Festsetzung wahr, weil die Bedingung falsch ist. Falsch sein ist noch nicht unsinnig sein. Ohne zu wissen, ob

$$\sqrt[10]{10^{21}} \text{ größer als } \left(\frac{21}{20}\right)^{100}$$

ist, kann man erkennen, daß, wenn

$$\sqrt[10]{10^{21}} \text{ größer als } \left(\frac{21}{20}\right)^{100} \text{ ist,}$$

$$\left(\sqrt[10]{10^{21}}\right)^2 \text{ größer als } \left(\left(\frac{21}{20}\right)^{100}\right)^2 \text{ ist;}$$

und niemand wird hierin einen Unsinn sehen. Nun ist es falsch, daß

$$\sqrt[10]{10^{21}} \text{ größer als } \left(\frac{21}{20}\right)^{100} \text{ sei.}$$

Und ebenso ist es falsch, daß

$$\left(\sqrt[10]{10^{21}}\right)^2 \text{ größer als } \left(\left(\frac{21}{20}\right)^{100}\right)^2 \text{ sei.}$$

Wenn dies ebenso leicht eingesehen werden könnte, wie die Falschheit davon, daß 2 größer als 3 ist, würde das hypothetische Gedankengefüge in diesem Beispiele ebenso unsinnig erscheinen, wie in jenem. Ob die Falschheit eines Gedankens leichter oder schwerer einzusehen ist, macht für die logische Betrachtung nichts aus; denn der Unterschied ist ein psychologischer.

Auch der in dem Satzgefüge

„Wenn ich einen Hahn habe, der heute Eier gelegt hat, wird morgen früh der Kölner Dom einstürzen"

ausgedrückte Gedanke ist wahr. „Aber Bedingung und Folge haben hier ja gar keinen inneren Zusammenhang" wird vielleicht jemand sagen. Nun, ich habe keinen solchen Zusammenhang in meiner Erklärung gefordert und bitte nur das unter „Wenn B so A" zu verstehen, was ich gesagt und in der Form

„nicht [nicht A und B]"

ausgedrückt habe. Freilich wird diese Auffassung eines hypothetischen Satzgefüges zunächst befremden. Es kommt bei meiner Erklärung nicht darauf an, den Sprachgebrauch des Lebens zu treffen, der für die Zwecke der Logik meist zu verschwommen und schwankend ist. Da drängt sich allerlei heran, z. B. das Verhältnis von Ursache und Wirkung, die Absicht, mit der ein Redender einen Satz von der Form „Wenn B, so A" ausspricht, der Grund, aus dem er seinen Inhalt für wahr hält. Der Redende gibt vielleicht Winke hinsichtlich solcher beim Hörenden etwa auftauchenden Fragen. Solche Winke gehören zum Beiwerke, das in der Sprache des Lebens den Gedanken oft umrankt. Meine Aufgabe ist es hier, durch Abscheidung des Beiwerks als logischen Kern ein Gefüge von zwei Gedanken herauszuschälen, ein Gefüge, welches ich hypothetisches Gedankengefüge genannt habe. Die Einsicht in den Bau der aus zwei Gedanken gefügten Gedanken muß die Grundlage für die Betrachtung vielfältiger gefügter Gedanken bilden.

Was ich über den Ausdruck „Wenn B, so A" gesagt habe, darf nicht so verstanden werden, daß jedes Satzgefüge dieser Form ein hypothetisches Gedankengefüge ausdrücke. Wenn „A" für sich allein kein vollständiger Ausdruck eines Gedankens, also kein eigentlicher Satz ist, oder wenn „B" für sich allein kein eigentlicher Satz ist, haben wir einen andern Fall. In dem Satzgefüge

„Wenn jemand ein Mörder ist, so ist er ein Verbrecher"

drückt weder der Bedingungssatz noch der Folgesatz für sich genommen einen Gedanken aus. Ob das, was in dem aus dem

Zusammenhange gelösten Satze „Er ist ein Verbrecher" ohne hinzukommenden Wink ausgedrückt wird, wahr oder falsch sei, läßt sich nicht entscheiden, weil das Wort „er" kein Eigenname ist, sondern in dem aus dem Zusammenhange gelösten Satze ohne hinzukommenden Wink nichts bezeichnet. Folglich drückt unser Nachsatz keinen Gedanken aus, ist also kein eigentlicher Satz. Dasselbe gilt von unserem Bedingungssatze; denn er enthält einen Bestandteil — „jemand" —, der ebenfalls nichts bezeichnet. Trotzdem kann das Satzgefüge einen Gedanken ausdrücken. Das „jemand" und das „er" weisen aufeinander hin. Dadurch und durch das „wenn —, so —" werden die beiden Sätze so miteinander verbunden, daß sie zusammen einen Gedanken ausdrücken, während wir in einem hypothetischen Gedankengefüge drei Gedanken unterscheiden können, nämlich die Bedingung, die Folge und den aus beiden gefügten Gedanken. Nicht immer drückt also ein Satzgefüge ein Gedankengefüge aus, und es ist sehr wesentlich, die beiden Fälle zu unterscheiden, die bei einem Satzgefüge von der Form

$$\text{„Wenn } B\text{, so } A\text{"}$$

vorkommen.

Auch hier füge ich einen Schluß an:

[Wenn B, so A] ist wahr;
B ist wahr; also
ist A wahr.

In diesem Schlusse tritt vielleicht das Eigentümliche des hypothetischen Gedankengefüges am deutlichsten hervor.

Bemerkenswert ist noch folgende Schlußweise:

[Wenn C, so B] ist wahr;
[Wenn B, so A] ist wahr; also
ist [Wenn C, so A] wahr.

Hier mag eine irreführende Redeweise erwähnt werden. Manche mathematische Schriftsteller drücken sich so aus, als ob man Folgerungen aus einem Gedanken ziehen könne, dessen Wahrheit noch zweifelhaft ist. Wenn man sagt „ich schließe A aus B" oder „ich folgere aus B die Wahrheit von A", so versteht man unter B eine der Prämissen oder die einzige Prämisse des Schlusses. Bevor man aber die Wahrheit eines Gedankens anerkannt hat, kann man ihn nicht als Prämisse eines Schlusses gebrauchen, kann man nichts aus ihm schließen oder folgern. Wenn man es doch zu tun meint, verwechselt man, wie es scheint, die Anerkennung der Wahrheit eines hypothetischen Gedankengefüges mit einem Schlusse, in dem man die Bedingung in diesem Gefüge für eine Prämisse nimmt. Nun kann ja die Anerkennung der Wahrheit des Sinnes von

$$\text{„Wenn } C \text{, so } A\text{"}$$

auf einem Schlusse beruhen, wie in dem oben gegebenen Beispiele, und es kann dabei zweifelhaft sein, ob C wahr sei[8]; aber hierbei ist der in „C" ausgedrückte Gedanke gar nicht Prämisse jenes Schlusses, sondern Prämisse war der Sinn des Satzes

$$\text{„Wenn } C \text{, so } B\text{"}.$$

Wenn der Gedankeninhalt von „C" Prämisse des Schlusses wäre, käme er im Ergebnis des Schlusses nicht vor; denn darin besteht eben die Wirkung des Schließens.

Wir haben gesehen, daß man in einem Gedankengefüge fünfter Art den ersten Gedanken durch die Verneinung des zweiten und zugleich den zweiten Gedanken durch die Verneinung des ersten ersetzen kann, ohne den Sinn des Ganzen zu ändern. Da nun ein Gedankengefüge sechster Art die Verneinung eines Gedankengefüges fünfter Art ist, gilt auch von dem Gedankengefüge sechster Art dasselbe: man kann in einem hypothetischen Gefüge, ohne den Sinn zu ändern, die Bedingung durch die Verneinung der Folge und zugleich die Folge durch die Verneinung der Bedingung ersetzen. — Übergang von *modus ponens* zum *modus tollens* —, Kontraposition.

Übersicht der sechs Gedankengefüge

I. A und B;	II. nicht (A und B);
III. (nicht A) und (nicht B);	IV. nicht ((nicht A) und (nicht B));
V. (nicht A) und B;	VI. nicht ((nicht A) und B).

Es liegt nahe hinzuzufügen

$$A \text{ und (nicht } B\text{)};$$

aber der Sinn von

$$\text{„} A \text{ und (nicht } B\text{)"}$$

ist derselbe wie der von

$$\text{„(nicht } B\text{) und } A\text{",}$$

---

[8] Genauer: ob der durch „C" ausgedrückte Gedanke wahr sei.

welche eigentliche Sätze „A" und „B" auch sein mögen. Da nun

„(nicht B) und A"

dieselbe Form hat, wie

„(nicht A) und B",

erhalten wir hierin nichts Neues, sondern nur wieder den Ausdruck eines Gedankengefüges fünfter Art, und in

„nicht (A und (nicht B))"

haben wir wieder den Ausdruck eines Gedankengefüges sechster Art. Unsere sechs Arten von Gedankengefügen bilden so ein abgeschlossenes Ganzes; und als Urbestandteile erscheinen hier die Gefüge erster Art und die Verneinung. Der Vorrang, den hiernach die Gefüge erster Art vor den andern zu haben scheinen, so annehmbar er dem Psychologen sein mag, ist logisch nicht gerechtfertigt; denn man kann irgendeine der sechs Arten der Gedankengefüge zugrunde legen und aus ihr mit Hilfe der Verneinung die andern ableiten, so daß für die Logik alle sechs Arten gleichberechtigt sind. Geht man z. B. vom hypothetischen Gefüge

Wenn B, so C

oder

Nicht ((nicht C) und B)

aus und setzt für „C" „nicht A", so erhält man

Wenn B, so nicht A

oder

Nicht (A und B).

Durch Verneinung des Ganzen ergibt sich

Nicht (wenn B, so nicht A)

oder

A und B.

Demnach besagt

Nicht (wenn B, so nicht A)*,

dasselbe wie

A und B*,

und es ist ein Gefüge erster Art auf ein hypothetisches Gefüge und die Verneinung zurückgeführt. Und da sich aus den Gefügen

---

* [Nach Freges Grundsatz — vgl. seine Anm. S. 76, 86 — müßten diese beiden Formeln in Anführungszeichen stehen. Hrsg.]

erster Art und der Verneinung die übrigen Gedankengefüge ableiten lassen, so lassen sich auch alle Gedankengefüge unserer sechs Arten aus den hypothetischen Gefügen und der Verneinung ableiten. Was von den Gefügen erster und sechster Art gesagt ist, gilt von den Gedankengefügen unserer sechs Arten überhaupt, so daß keine dieser Arten vor den andern etwas voraus hat. Jede von ihnen kann als Grundlage zur Ableitung der andern dienen. Die Wahl ist durch die logische Sachlage nicht bestimmt.

Etwas Ähnliches haben wir in der Grundlegung der Geometrie. Es lassen sich zwei verschiedene Geometrien so aufstellen, daß einige Theoreme der ersten als Axiome der zweiten und einige Theoreme der zweiten als Axiome der ersten erscheinen.

Es seien nun Fälle betrachtet, in denen nicht verschiedene Gedanken, sondern ein Gedanke mit sich selbst gefügt ist. Wenn „A" wieder ein eigentlicher Satz ist, so drückt

$$\text{„}A \text{ und } A\text{"}$$

denselben Gedanken aus wie „A". Jenes besagt nicht mehr und nicht weniger als dieses. Demnach drückt

$$\text{„nicht } (A \text{ und } A)\text{"}$$

dasselbe aus wie „nicht A".

Ebenso drückt auch

$$\text{„(nicht } A) \text{ und (nicht } A)\text{"}$$

dasselbe aus wie „nicht A": Folglich drückt auch

$$\text{„nicht } [(\text{nicht } A) \text{ und (nicht } A)]\text{"}$$

dasselbe aus wie „nicht nicht A" oder wie „A".

Nun drückt

$$\text{„nicht } [(\text{nicht } A) \text{ und (nicht } A)]\text{"}$$

ein Gefüge vierter Art aus. Wir sagen dafür auch

$$\text{„}A \text{ oder } A\text{"}.$$

Mithin hat nicht nur

$$\text{„}A \text{ und } A\text{"},$$

sondern auch

$$\text{„}A \text{ oder } A\text{"}$$

denselben Sinn wie „A".

Anders ist es bei dem Gefüge fünfter Art. Das durch

$$\text{„[(nicht } A) \text{ und } A]\text{"}$$

ausgedrückte Gedankengefüge ist falsch, weil von zwei Gedanken, von denen einer die Verneinung des andern ist, immer einer falsch ist, so daß auch ihr Gefüge erster Art falsch ist. Demnach ist das Gefüge sechster Art eines Gedankens mit sich selbst, nämlich das durch

$$\text{„nicht [(nicht } A) \text{ und } A]\text{“}}$$

ausgedrückte wahr, wenn „A“ ein eigentlicher Satz ist. Wir können dies Gedankengefüge sprachlich wiedergeben durch

$$\text{„wenn } A, \text{ so } A\text{“},$$

z. B. „wenn die Schneekoppe höher als der Brocken ist, so ist die Schneekoppe höher als der Brocken".

In einem solchen Falle liegen die Fragen nahe: „Drückt dieser Satz einen Gedanken aus? Ist er nicht inhaltsleer? Was erfährt man denn Neues, wenn man ihn hört?" Nun, vielleicht hat man, bevor man ihn hört, diese Wahrheit überhaupt nicht gekannt und also auch nicht anerkannt. Insofern kann man doch unter Umständen etwas dadurch erfahren, was einem neu ist. Es ist doch die Wahrheit nicht zu leugnen, daß die Schneekoppe höher als der Brocken ist, wenn die Schneekoppe höher als der Brocken ist. Da nur Gedanken wahr sein können, muß dieses Satzgefüge einen Gedanken ausdrücken, und dann ist auch die Verneinung dieses Gedankens ein Gedanke trotz ihrer scheinbaren Unsinnigkeit. Man muß sich nur immer gegenwärtig halten, daß man einen Gedanken ausdrücken kann, ohne ihn zu behaupten. Hier handelt es sich nur um den Gedanken. Der Schein der Unsinnigkeit kommt nur hinzu durch die behauptende Kraft, mit der man unwillkürlich den Satz ausgesprochen denkt. Aber wer sagt denn, daß jemand, der ihn ohne behauptende Kraft ausspricht, dieses tut, um seinen Inhalt als wahr hinzustellen? Vielleicht tut er es gerade in der umgekehrten Absicht.

Dieses läßt sich verallgemeinern. Es sei „O" ein Satz, in dem ein besonderer Fall eines logischen Gesetzes ausgedrückt, aber nicht als wahr hingestellt wird. Dann erscheint „nicht O" leicht als unsinnig, aber nur dadurch, daß man es mit behauptender Kraft ausgesprochen denkt. Das Behaupten eines Gedankens, der einem logischen Gesetze widerspricht, kann in der Tat, wenn nicht unsinnig, so doch widersinnig erscheinen, weil die Wahrheit eines logischen Gesetzes unmittelbar aus ihm selbst, aus dem Sinne seines Ausdrucks einleuchtet. Ausgedrückt aber darf ein Gedanke werden, der einem logischen Gesetze widerspricht, weil er verneint werden darf. „O" selbst aber scheint fast inhaltlos zu sein.

Da jedes Gedankengefüge selbst ein Gedanke ist, kann es mit andern Gedanken gefügt sein. So ist das Gefüge, das durch

$$„(A \text{ und } B) \text{ und } C"$$

ausgedrückt wird, gefügt aus den Gedanken, die durch

$$„A \text{ und } B" \text{ und durch } „C"$$

ausgedrückt werden. Wir können es aber auch auffassen als gefügt aus den durch

$$„A", „B", „C"$$

ausgedrückten Gedanken. So können Gedankengefüge entstehen[9], die drei Gedanken enthalten. Andere Beispiele von Gefügen aus drei Gedanken sind in

$$„nicht [(nicht } A) \text{ und } (B \text{ und } C)]" \text{ und}$$
$$„nicht [(nicht } A) \text{ und } ((nicht } B) \text{ und } (nicht } C))]"$$

ausgedrückt. So wird man auch Beispiele von Gedankengefügen finden können, die vier, fünf oder mehr Gedanken enthalten.

Zur Bildung aller dieser Gefüge reichen Gedankengefüge erster Art und die Verneinung hin, wobei statt der ersten Art auch irgend eine andere unserer sechs Arten gewählt werden kann. Nun drängt sich die Frage auf, ob jedes Gedankengefüge eine solche Bildung hat. Was die Mathematik anbetrifft, bin ich überzeugt, daß in ihr Gedankengefüge anderer Bildung nicht vorkommen. Auch in der Physik, Chemie und Astronomie wird es schwerlich anders sein; aber die Finalsätze mahnen zur Vorsicht und scheinen eine genauere Untersuchung zu fordern. Diese Frage will ich hier unentschieden lassen. Immerhin scheinen Gedankengefüge, die so aus Gefügen erster Art mittels der Verneinung gebildet sind, einer besonderen Benennung wert. Sie mögen mathematische Gedankengefüge heißen. Damit soll nicht gesagt sein, daß es andere Gedankengefüge gebe. Noch in anderer Hinsicht erscheinen die mathematischen Gedankengefüge als zusammengehörig. Ersetzt man nämlich in einem solchen einen wahren Gedanken durch einen wahren Gedanken, so ist das so gebildete Gedankengefüge wahr oder falsch, je nachdem das ursprüngliche Gefüge wahr oder falsch ist. Dasselbe gilt, wenn man in einem mathematischen Gedankengefüge einen falschen Gedanken durch einen falschen ersetzt. Ich will nun sagen, zwei Gedanken haben denselben Wahrheitswert, wenn sie entweder beide wahr oder beide falsch sind. Danach sage ich, daß der durch

---

[9] Dieses Entstehen ist nicht als zeitlicher Vorgang aufzufassen.

„A" ausgedrückte Gedanke denselben Wahrheitswert habe, wie der durch „B" ausgedrückte, wenn entweder

„A und B"

oder

„(nicht A) und (nicht B)"

einen wahren Gedanken ausdrückt. Nachdem dies festgesetzt ist, kann unser Satz so ausgesprochen werden:

„Wird in einem mathematischen Gedankengefüge ein Gedanke durch einen Gedanken von demselben Wahrheitswerte ersetzt, so hat das so gewonnene Gedankengefüge denselben Wahrheitswert wie das ursprüngliche."

KRITISCHE BELEUCHTUNG EINIGER PUNKTE IN E. SCHRÖDERS VORLESUNGEN ÜBER DIE ALGEBRA DER LOGIK[1]

(Archiv für system. Philosophie 1, 1895, S. 433—456)

Herr Schröder verwirft den Booleschen *universe of discourse* auf Grund einer eigentümlichen Überlegung, die ich hier einer genaueren Prüfung unterwerfen möchte, weil sich dabei die Notwendigkeit einer Unterscheidung herausstellt, die vielen Logikern unbekannt zu sein scheint.

Es wird für das Verständnis förderlich sein, zunächst den Schröderschen Gebietskalkül in den Grundzügen vorzuführen. In der Darstellung des Verfassers ist dieser Kalkül immer mit der eigentlichen Logik verwebt, wodurch die Einsicht in das Wesen der Sache erschwert wird. Ich lasse darum hier die Logik zunächst ganz aus dem Spiele, damit das Eigentümliche dieses Kalküls besser hervortrete.

Wir denken uns nach Herrn Schröder eine Mannigfaltigkeit von Elementen gegeben. Auf die Natur dieser Mannigfaltigkeit und ihrer Elemente kommt es nicht an, und so kann jede Mannigfaltigkeit jede andere vertreten. Um die Sache anschaulich zu machen, ist es am besten, die Mannigfaltigkeit der Punkte in einer ebenen Fläche oder die der Felder zu betrachten, in die eine solche Fläche durch zwei Systeme paralleler Geraden geteilt wird, so daß nie zwei Felder einen Punkt gemein haben. „Irgendeine Zusammenstellung von Elementen der Mannigfaltigkeit nennen wir ein *Gebiet* der letzteren" (S. 157). Als die wichtigste Beziehung, die zwischen Gebieten bestehen kann, wird die Einordnung hingestellt, worunter verstanden wird, daß das erste Gebiet in dem andern enthalten sei, worin der Fall eingeschlossen sein soll, daß beide Gebiete zusammenfallen. Von dieser Beziehung der Einordnung werden nun zwei Grundsätze aufgestellt:

1. Jedes Gebiet ist sich selbst eingeordnet;
2. Wenn ein Gebiet einem zweiten und dieses einem dritten eingeordnet ist, so ist auch das erste dem dritten eingeordnet.

---

[1] Teubner, Leipzig. [1890 Hrsg.] Die im folgenden angeführten Seitenzahlen sind solche des 1. Bandes.

Statt ‚Gebiete‘ können wir hier immer auch ‚Klassen‘ sagen, wenn wir unter Klassen kollektive Ganze, wie z. B. einen Wald, verstehen und diese nicht in Verbindung mit Begriffen bringen, wozu allerdings der Sprachgebrauch immer verleiten will, indem er Ausdrücke wie ‚Klassen von Menschen, von Bäumen‘ u. dgl. nahelegt, wobei immer ein Begriff genannt wird. Was Herr Schröder ‚Einordnung‘ oder ‚Subsumtion‘ nennt, ist hier eigentlich nichts anderes als die Beziehung des Teiles zum Ganzen mit der Erweiterung, daß jedes Ganze als Teil seiner selbst betrachtet werden solle. Auf dem jetzt von uns eingenommenen Standpunkte brauchen wir die Wörter ‚Individuum‘ und ‚Einzelding‘ nicht. Man kann die Teilbarkeit ins Unendliche gehend denken. So hat auch eigentlich der Ausdruck ‚Element‘ hier noch keine Wichtigkeit; denn es ist einerlei, ob wir in dem oben erwähnten Beispiele die quadratischen Felder, aus denen die Fläche besteht, als Elemente betrachten wollen, oder die Dreiecke, in die diese etwa durch Diagonalen geteilt werden. Wenn wir als Mannigfaltigkeit das deutsche Heer nehmen und als Gebiet darin ein Infanterieregiment, so ist es einerlei, ob wir als Elemente die Bataillone, die Kompanien oder die einzelnen Krieger betrachten wollen. Da es also einerlei ist, welche Teile des Ganzen Elemente genannt werden sollen, wenn nur jedes betrachtete Gebiet aus ihnen zusammensetzbar ist, und da wir gar nicht nötig haben, Teile anzunehmen, die nicht weiter teilbar sind, so ist es vielleicht besser, noch gar nicht von Elementen zu sprechen. Wie das Wort ‚Klasse‘ kann auch das Wort ‚Mannigfaltigkeit‘ Unklarheit bewirken, indem es oft in Verbindung mit einem Begriffsworte gebraucht wird, wie z. B. ‚Mannigfaltigkeit von Punkten‘, ‚Mannigfaltigkeit von Bäumen‘ usw., wodurch etwas Logisches in die Betrachtung eingemischt wird, das jetzt noch ferngehalten werden soll. Um also den Gebietekalkül ganz rein durchzuführen, vermeidet man am besten die Wörter ‚Mannigfaltigkeit‘, ‚Klasse‘, ‚Element‘, ‚Subsumtion‘ und sagt statt ‚Mannigfaltigkeit‘ etwa ‚Hauptgebiet‘.

Ich führe einige Stellen aus dem Schröderschen Buche an, die diese Auffassung des Gebietekalküls bestätigen. „Und auch *ein* Individuum mögen wir bezeichnen als eine Klasse, welche eben nur dies Individuum selbst enthält... Auch jene Klasse aber, die selber eine Menge von Individuen umfaßt, kann wieder als ein Gedankending und demgemäß auch als ‚Individuum‘ (im weiteren Sinne, z. B. ‚relativ‘ in bezug auf höhere Klassen) hingestellt werden“ (S. 148). Hier ist zwar von Individuen die Rede; aber man sieht auch zugleich, daß der Unterschied zwischen Individuum und Klasse als ein fließender behandelt wird. Daß eine

Klasse als eine Gesamtheit von Gegenständen, eine kollektive Vereinigung, aufgefaßt werden soll, geht aus mehreren Stellen hervor. So ist auf S. 67 davon die Rede, daß individuelle Dinge eine Klasse zusammensetzen. Die Klasse wird eine Gesamtheit genannt (S. 83). „Wir sind imstande, irgendwelche Objekte des Denkens als ‚Individuen‘ zu einer ‚Klasse‘ zu vereinigen (‚zusammenzufassen‘)“ (S. 148). Wir sahen oben, daß eine Klasse mit einem einzelnen Individuum zusammenfallen kann, also dann aus ihm besteht. So lesen wir auch auf S. 150: „Sagen wir: ‚Einige Menschen sind klug‘, so ist das Subjekt eine Klasse, bestehend aus einer unbestimmten Anzahl, aus ‚einigen‘ Menschen.“ Bemerken wir, daß danach eine Klasse aus Gegenständen besteht. Hier ist freilich schon Logisches eingemischt. Auf S. 161 heißt es: „Auf dieses Anwendungsfeld β) werden wir, nunmehr von α) ausgehend, hinübergeleitet durch die Bemerkung, den Hinweis darauf: daß die ‚Elemente‘ unserer Mannigfaltigkeit auch sogenannte *Individuen* sein können, wo dann die ‚Gebiete‘ dieser Mannigfaltigkeit zu bezeichnen sein werden als Systeme, und wenn man will als *Klassen* von solchen Individuen.“ Hierbei ist zu bemerken, daß nach dem Schröderschen Sprachgebrauche ‚System‘ eine kollektive Vereinigung bedeutet (S. 71 u. 72).

Bis hierher ist noch alles im Einklang miteinander; und auch die Definition der ‚identischen Summe‘ (S. 196) kann man sich noch gefallen lassen, trotz ihrer formalen Anfechtbarkeit, wenn man die Interpretation (S. 217) hinzunimmt, wonach die identische Addition auf eine Zusammenfassung, Kollektion hinausläuft, indem dabei die Individuen der beiden Klassen zu einer einzigen Klasse gesammelt, ‚zusammengelesen‘ werden. Man kann auch hier die sogenannten Individuen selbst wieder beliebig teilbar voraussetzen, ohne auf Schwierigkeiten zu stoßen. Diese identische Addition läßt sich wie alles Vorhergehende mit den Eulerschen Diagrammen vortrefflich anschaulich machen.

Aber wir nähern uns nun dem Punkte, wo der reine Gebietekalkül nicht mehr hinreicht, und wo das Gleichnis der Eulerschen Diagramme hinkend wird. In der Tat ist der reine Gebietekalkül recht unfruchtbar, und seine scheinbare Fruchtbarkeit in unserm Buche rührt wohl daher, daß er eben nicht rein ist, sondern daß sich überall etwas Logisches eindrängt, was schon mit den Wörtern ‚Mannigfaltigkeit‘, ‚Individuum‘, ‚Klasse‘, ‚Subsumtion‘ fast unmerklich geschieht.

Wir gehen zur identischen Multiplikation über, die nach der Interpretation auf S. 217 auf eine Absonderung, Selektion hinausläuft, indem dabei aus der einen Klasse die Individuen der andern Klasse ‚(her)ausgelesen‘ werden. Selbst hier braucht man den

Boden der bisherigen Betrachtungsweise noch nicht immer zu verlassen, und die Eulerschen Diagramme sind noch brauchbar, wenn die den beiden Klassen entsprechenden Bezirke der Ebene einen Teil gemein haben. Dann stellt dieser eben das identische Produkt dar. Wie aber, wenn die Bezirke keinen Teil gemein haben? Auch bei Klassen kommt der Fall vor, daß ihrer zwei nichts gemein haben. Wenn, gemäß unserm bisherigen Gebrauche des Wortes, eine Klasse aus Gegenständen besteht, eine Sammlung, kollektive Vereinigung von solchen ist, so muß sie verschwinden, wenn diese Gegenstände verschwinden. Wenn wir sämtliche Bäume eines Waldes verbrennen, so verbrennen wir damit den Wald. Eine leere Klasse kann es also nicht geben. Wenn wir nun sagten: ‚es gibt nicht immer ein identisches Produkt‘, und jedesmal untersuchten, ob es eines gäbe, ehe wir davon Gebrauch machten, so wäre alles in Ordnung, der Kalkül allerdings schwer gelähmt. Indem Herr Schröder sich nicht daran kehrt, von einer leeren Klasse spricht (S. 147) und ohne weiteres mit dem identischen Produkte rechnet, hat er den Boden des reinen Gebietekalküls schon verlassen. Er stützt sich dabei auf die *identische* Null, von der er (S. 197) sagt, es sei ihre Mission, ihr Verdienst, zu bewirken, daß von dem identischen Produkte stets gesprochen werden dürfe. Man kann fragen: ‚wessen Verdienst ist es denn, daß von der identischen Null gesprochen werden darf?‘ Doch lassen wir diese Frage einstweilen beiseite!

Wir müssen zunächst das bisher ferngehaltene Logische in die Betrachtung hereinziehen. Der Übergang würde nach dem Verfasser etwa so geschehen. Der identische Kalkül, ursprünglich reiner Gebietekalkül, läßt doch verschiedenartige Anwendungen zu (S. 160). Wir gelangen zur Logik, indem wir die Buchstaben, die wir bisher als Gebiete deuteten, nun als Klassen, als Begriffe, ihrem Umfange nach betrachtet, deuten. Wenn wir freilich den bisher geübten Sprachgebrauch bei dem Worte ‚Klasse‘ festhielten, so hätten wir nichts Neues. Klassen in diesem Sinne sind von Gebieten nicht zu unterscheiden. Wenn wir aber unter Klassen Umfänge von Begriffen verstehen und die Beziehung der Einordnung, die auch Subsumtion genannt wurde und nichts weiter war als die Beziehung des Teiles zum Ganzen, nun ersetzen durch die Beziehung, die zwischen den Umfängen von Begriffen stattfindet, wenn der eine dem andern untergeordnet ist, so betreten wir damit ein ganz neues Feld. Herr Schröder freilich scheint das nicht recht zu merken. Er zählt diese Anwendungsweise des Kalküls zwar unter β) (S. 160) auf und setzt sie dadurch der unter α) angeführten Anwendung auf Gebiete als etwas Verschiedenes zur Seite; wenn er aber auf S. 161 sagt, daß die Elemente unserer

Mannigfaltigkeit auch ,*Individuen*' sein können, wo dann die ,Gebiete' dieser Mannigfaltigkeit zu bezeichnen seien als Systeme und, wenn man wolle, als ,*Klassen*' von solchen Individuen, so scheint ihm dies doch nur ein besonderer Fall zu sein. Klassen sind danach auch Gebiete und es bedarf keiner Begründung, daß die Gesetze des Gebietekalküls auch hier Geltung haben. Aber durch die Verbindung, in die die Klassen mit Begriffen gesetzt werden, indem sie deren Umfänge sein sollen, bekommt die Sache doch ein anderes Ansehen; zunächst äußerlich durch die neue Übersetzung, die den Formeln gegeben wird. Was bisher sachgemäß wiedergegeben werden konnte in den Worten ,A ist ein Teil von B', soll nun übersetzt werden: ,Alle A sind B'. Ich stelle hier zunächst eine kleine Unebenheit fest. Wenn wir unter A und B Klassen oder Umfänge von Begriffen verstehen, so können wir nicht sagen: ,Alle A sind B'; denn hier sind A und B in einem andern Sinne gebraucht. Wenn z. B. A der Umfang des Begriffes *Quadrat* ist und B der Umfang des Begriffes *Rechteck*, so kann man nicht sagen: ,Aller Umfang des Begriffes *Quadrat* ist Umfang des Begriffes *Rechteck*' oder ,Alle Umfänge des Begriffes *Quadrat* sind Umfänge des Begriffes *Rechteck*' oder ,Der Umfang des Begriffes *Quadrat* ist der Umfang des Begriffes *Rechteck*'. Herr Schröder, der sich sonst der Genauigkeit im Ausdrucke in anerkennenswerter Weise befleißigt, ist hier leider dieser Gewohnheit untreu geworden und hat dadurch die Sache verdunkelt. Nun wird A auch Subjekt und B Prädikat genannt (S. 132 und 133) oder auch Subjektbegriff und Prädikatbegriff. Auch dies ist ungenau, wenn man nicht die Ausdrücke ,Begriff' und ,Umfang des Begriffes' als gleichbedeutend gebraucht. Auch das Zeichen der Einordnung, mit dem ausgedrückt wurde, daß A ein Teil von B sei, soll nun der Kopula ,*ist*' oder ,*sind*' entsprechen (S. 132 und 133), obwohl, wenn wir statt ,alle Säugetiere sind Wirbeltiere' sagen ,die Klasse der Säugetiere ist eingeordnet der Klasse der Wirbeltiere', das Prädikat nicht *die Klasse der Wirbeltiere* ist, sondern *eingeordnet der Klasse der Wirbeltiere* und das *ist eingeordnet* nicht die Kopula allein ist, sondern die Kopula mit einem Teile des Prädikats.

Es sind hier allerlei Verschiebungen vorgekommen, deren üble Folgen wir gleich erkennen werden, wenn wir nun zu der Schröderschen Verwerfung des Booleschen *universe of discourse* übergehen. Der Verfasser hat immer von einer Mannigfaltigkeit gesprochen, in der die Gebiete, die Klassen enthalten sind, innerhalb deren sich das Denken in einem gegebenen Falle bewegt. Diese Mannigfaltigkeit wird 1 genannt, und Herr Schröder will nun zeigen, daß sie nicht allumfassend sein darf wie Booles *universe of discourse*. Es heißt auf S. 245:

„Wie ausgemacht ist, sollte nämlich 0 in *jeder* Klasse, welche aus der Mannigfaltigkeit 1 herausgehoben werden kann, mitenthalten sein, ... 0 sollte Subjekt zu *jedem* Prädikat sein."

„Verstünden wir nun unter *a* die *Klasse derjenigen Klassen der Mannigfaltigkeit, welche gleich 1 sind* (und dies wäre ja, wenn wir alles Denkmögliche in die Mannigfaltigkeit 1 hereinziehen dürfen, gewiß erlaubt), so umfaßte diese Klasse wesentlich nur *ein* Objekt, nämlich das Symbol 1 selbst, beziehungsweise das Ganze der Mannigfaltigkeit, die seine Bedeutung ausmacht — *außerdem aber auch ,nichts', mithin 0*. Da nun also 1 und 0 die Klasse derjenigen Objekte ausmachten, welche gleich 1 zu gelten haben, so müßte nicht nur: 1 = 1, sondern *auch*: 0 = 1 anerkannt werden. Denn ein Prädikat, welches einer Klasse zukommt (hier das Prädikat, identisch gleich 1 zu sein), muß auch jedem Individuum dieser Klasse zukommen, gemäß Prinzip II."

Auf S. 246 zeigt der Verfasser, daß man in dieser Überlegung statt 1 auch irgendeine Klasse *b* der Mannigfaltigkeit nehmen kann und so zu der Folgerung 0 = *b* gelangt. Dieser Widerspruch kommt wie ein Blitzstrahl aus heiterem Himmel. Wie konnten wir in der exakten Logik auf etwas dergleichen gefaßt sein! Wer bürgt uns dafür, daß wir beim Fortgange nicht wieder einmal plötzlich vor einem Widerspruch stehen? Daß solches vorkommen kann, weist auf einen Fehler in der ersten Anlage hin. Herr Schröder zieht hieraus den Schluß, daß die ursprüngliche Mannigfaltigkeit 1 so beschaffen sein müsse, daß unter ihren als Individuen gegebenen Elementen sich keine Klassen befinden, welche ihrerseits Elemente derselben Mannigfaltigkeit als Individuen unter sich begreifen. Dieses Auskunftsmittel erscheint wie ein nachträgliches Abbringen des Schiffes von einer Sandbank, die bei guter Führung ganz hätte vermieden werden können. Jetzt wird es klar, weshalb in kluger Voraussicht der drohenden Gefahr gleich anfangs eine gewisse Mannigfaltigkeit als Schauplatz der Vorgänge eingeführt wurde, wofür im reinen Gebietekalkül kein Grund war. Schön ist die nachträgliche Einschränkung dieses Feldes unserer logischen Betätigung in keinem Falle. Während sonst die Logik den Anspruch erheben darf, daß ihre Gesetze unumschränkte Geltung haben, wird uns hier zugemutet, eine Mannigfaltigkeit sorgsam prüfend vorher abzugrenzen, innerhalb deren wir uns dann nur bewegen dürfen. Eine Folge davon ist, daß auch die identische Null von der Abgrenzung der

Mannigfaltigkeit abhängt. So kann es kommen, daß in einer Mannigfaltigkeit das etwas ist, was in einer andern Null oder nichts ist. Da nun die Verneinung mit der 0 und der 1 definiert wird (S. 302), so hängt auch diese von der gewählten Mannigfaltigkeit ab, so daß eine Klasse *a* vielleicht in einer Mannigfaltigkeit die Negation von *b* sein kann, in einer andern nicht. Danach müßte man also bei einer streng wissenschaftlichen Behauptung immer die Mannigfaltigkeit genau angeben, in der gerade die Untersuchung geführt wird. Hierdurch wird nun die Frage nahegelegt, ob sich diese Unbequemlichkeiten nicht vermeiden lassen, und was überhaupt durch die Einschränkung des Schauplatzes gewonnen wird.

Wenn Herr Schröder (S. 248) von der ursprünglichen Mannigfaltigkeit verlangt, daß unter ihren als ‚Individuen‘ gegebenen Elementen sich keine Klassen befinden, welche ihrerseits Elemente derselben Mannigfaltigkeit als Individuen unter sich begreifen, so unterscheidet er offenbar den Fall, daß etwas als Individuum einer Mannigfaltigkeit oder Klasse gegeben ist, als Individuum unter einer Klasse begriffen wird, von dem Falle, daß etwas als Klasse in einer Mannigfaltigkeit oder Klasse enthalten ist. Ähnlich unterscheidet Herr Husserl in seiner Besprechung des Schröderschen Werkes[2] zwischen den Ausdrücken ‚Eine Klasse enthält etwas als Element‘ und ‚Eine Klasse enthält etwas als subordinierte Klasse‘ und sucht dadurch die Schwierigkeit zu heben. Das Bemerkenswerte ist hierbei, daß wir auf die wesentliche Verschiedenheit von zwei Beziehungen hingewiesen werden, die der Verfasser mit demselben Zeichen (dem der eventuellen Subordination oder Einordnung) bezeichnet. Wir sehen hieraus wieder, daß wir uns jetzt nicht mehr auf dem Boden des Gebietekalküls befinden; denn dort hatten wir nur die Beziehung des Teils zum Ganzen, und zu dieser Unterscheidung der Fälle, daß eine Klasse etwas als Individuum oder als Klasse enthalte, war kein Grund. Die Eulerschen Diagramme sind für die logischen Beziehungen ein hinkendes Gleichnis, weil sie diesen wichtigen Unterschied nicht hervortreten lassen[3].

---

[2] Götting. Gel. Anz. [Bd. 153, Hrsg.] 1891. S. 272.

[3] Freilich bekunden nicht alle, die auf die Eulerschen Diagramme schelten, damit ein besseres Verständnis der Sachlage. Wenn sie in dem Urteile ‚Einige Zahlen sind Primzahlen‘ ‚einige Zahlen‘ als Subjekt betrachten oder wenn sie in dem Urteile ‚Alle Körper sind schwer‘ ‚alle Körper‘ oder den Begriff *Körper* in seinem ganzen Umfange als Subjekt hinstellen, so liegt dem dieselbe äußerliche, man könnte sagen mechanische oder quantifizierende Auffassung des Begriffes zugrunde, von der auch die Eulerschen Diagramme ein Ausfluß sind. Wenn man

Um Klarheit in die Sache zu bringen: wird es nötig sein, den Schröderschen Fehler zu verbessern und, was verschieden ist, auch verschieden zu bezeichnen. Setzen wir also fest

$$\text{,}A \ sub \ B\text{'}$$

solle besagen, A sei eine Klasse untergeordnet der Klasse B. Dagegen möge

$$\text{,}A \ subter \ B\text{'}$$

ausdrücken, daß A als Individuum unter der Klasse B begriffen sei. Hiermit haben wir freilich nur erst anerkannt, daß ein Unterschied da ist; aber wir wissen noch nicht genau, worin er bestehe. Immerhin können wir die Schrödersche Forderung nun so aussprechen: Die Mannigfaltigkeit M muß so beschaffen sein, daß die Sätze

$$B \ subter \ M,$$
$$A \ subter \ B,$$
$$A \ subter \ M$$

für kein A und kein B zugleich wahr sind. Wie wird nun hierdurch die Ungereimtheit vermieden, daß man $0 = b$ scheinbar beweisen kann? Dieser Schluß war nur durch die Übersetzung möglich, die Herr Schröder seinen Formeln gibt, indem er die Klassen mit Begriffen in Verbindung bringt; im reinen Gebietekalkül ist keine Veranlassung zur Entstehung der Ungereimtheit. Die Notwendigkeit und die Möglichkeit der Unterscheidung der *Sub*- von der *Subter*-Beziehung tritt erst beim Verlassen des reinen Gebietekalküls ein, sobald man mit jener oben angegebenen Übersetzungsweise Begriffe in die Betrachtung einführt und damit ins logische Gebiet übergeht. Wenn wir uns also den

---

solche Sätze verneint, so muß die Verneinung vor ,einige' oder ,alle' stehen, woraus klar wird, daß diese Wörter dem prädikativen Teile des Satzes dem Sinne nach zuzurechnen sind. Das Wort ,einige' gibt eine Beziehung an, in der in unserem Beispiel die Begriffe ,Zahl' und ,Primzahl' stehen. Ebenso gibt ,alle' in dem zweiten Beispiele eine Beziehung an zwischen den Begriffen *Körper* und *Schweres*. Dem logischen Sachverhalt entspricht besser der Ausdruck ,Die Körper sind sämtlich schwer'. Herr Schröder gibt auf S. 180 ein Beispiel einer *Quaternio terminorum*, die darauf beruht, daß der Ausdruck ,einige Herren' nicht immer denselben Teil der Klasse der Herren bezeichnet. Danach wäre ein solcher Ausdruck als vieldeutig zu verwerfen, und er ist es in der Tat, wenn man ihn als Bezeichnung einer Klasse ansieht, bestehend aus ,einigen' Herren, was der Verfasser auf S. 150 tut. Damit ist das partikuläre Urteil freilich nicht verworfen, sondern nur eine falsche Auffassung von ihm.

Unterschied zwischen beiden Beziehungen klarmachen wollen, so müssen wir die Klassen als Umfänge von Begriffen ansehen und darauf eine Übersetzung gründen.

Demnach versuchen wir folgendes festzusetzen:

Wenn v ein Einzelding ist und A die Klasse der Gegenstände ist, die a *sind*, so übersetzen wir

$$\text{‚}v \text{ } subter \text{ } A\text{‘}$$

mit ‚v ist ein a‘; und wenn B die Klasse der Gegenstände ist, die b *sind*, so übersetzen wir

$$\text{‚}B \text{ } sub \text{ } A\text{‘}$$

mit ‚alle b sind a‘[4].

Bemerkt sei hierzu noch, daß das kursiv* gedruckte *ist* sowie *sind* als bloße Kopula aufzufassen ist ohne irgend einen besondern Inhalt, daß also damit keine Identität gemeint ist.

Betrachten wir nun genauer die Möglichkeit unseres Sophisma! Dazu bedarf es der Entscheidung, ob in der Schröderschen Definition der identischen Null die Beziehung der Einordnung als die *Sub-* oder als die *Subter*-Beziehung anzusehen ist. Es heißt da nämlich: „0 nennen wir ein Gebiet, welches zu jedem Gebiete a in der Beziehung der Einordnung steht" (S. 188). Es fragt sich also, ob die Null als Klasse untergeordnet ist jeder Klasse der Mannigfaltigkeit, oder ob die Null als Individuum unter jeder Klasse der Mannigfaltigkeit begriffen ist. Prüfen wir zuerst die letzte Annahme! Danach soll also

$$0 \text{ } subter \text{ } a$$

sein, wenn

$$a \text{ } sub \text{ } M$$

ist, wobei M unsere Mannigfaltigkeit sein mag. Es sei nun Q die Klasse der Gegenstände, die mit P zusammenfallen. Dann begreift also Q nur P als Individuum und wir haben

$$P \text{ } subter \text{ } Q.$$

Wenn nun Q sub M ist, so gilt unserer Annahme über die Null entsprechend auch

$$0 \text{ } subter \text{ } Q;$$

---

[4] Herr G. Peano gebraucht statt ‚*sub*‘ und ‚*subter*‘ die Zeichen ‚ↄ‘ und ‚ε‘. Siehe: Notations de logique mathématique par G. Peano (Turin 1894), § 6.

* [Bei Frege, entsprechend der Übung des Erstdruckes, „gesperrt". Hrsg.]

d. h. 0 fällt mit P zusammen. Diese Möglichkeit wird allerdings durch die Forderung des Verfassers abgeschnitten. Denn aus

$$P \text{ subter } Q$$

und $\qquad Q \text{ sub } M$

folgt $\qquad P \text{ subter } M.$

Nun ist aber P dasselbe wie Q; die Klasse Q schrumpft nämlich zu P zusammen. Es ist also auch $Q \text{ subter } M$, und wir haben

$$Q \text{ subter } M,$$
$$P \text{ subter } Q$$
$$P \text{ subter } M,$$

was der Schröderschen Forderung widerspricht. Ein Zweifel könnte darüber auftauchen, ob Q mit P zusammenfalle. Jedenfalls entspricht dies ganz der Auffassung der Klasse, wonach sie aus Einzeldingen besteht. Demgemäß lesen wir auf S. 247: „Und insbesondere gehören auch ihre (der Mannigfaltigkeit) Individuen selbst mit zu den Klassen, welche wir dann, wenn sie eben zu nur *einem* Individuum zusammenschrumpfen, als ‚monadische‘ oder ‚*singuläre*‘ Klassen bezeichnen mögen.“ So heißt es auf S. 148: „Und auch *ein* Individuum mögen wir bezeichnen als eine Klasse, welche eben nur dieses Individuum selbst enthält“. Hiernach ist wohl nicht zu bezweifeln, daß nach Schröderschen Grundsätzen in unserem Falle Q mit P zusammenfällt.

Hier stoßen wir jedoch auf ein eigentümliches Hindernis. Wenn nämlich eine Klasse, die nur aus einem Gegenstande besteht, mit diesem selbst zusammenfällt, so kann die Schrödersche Forderung für keine Mannigfaltigkeit erfüllt werden, die überhaupt Individuen enthält. Es sei a ein solches Individuum, so daß wir haben

$$a \text{ subter } M;$$

dann gehört a selbst mit zu den Klassen, und zwar ist es eine singuläre Klasse, so daß

$$a \text{ subter } a$$

ist. Die Forderung ist also nicht erfüllt, daß für kein A und kein B zugleich sei

$$B \text{ subter } M,$$
$$A \text{ subter } B,$$
$$A \text{ subter } M;$$

denn wenn wir für A und für B a nehmen, so haben wir unsern Fall. Nun schreibt Herr Schröder: „Bildete man auch nur eine singuläre ‚Klasse' in eben dieser (Mannigfaltigkeit) und ließe solche als ein neues Individuum derselben zu, so drängte augenblicklich wieder die identische Null sich zu ihr hinzu, schlüpfte sozusagen durch die Tür der Def. (2 ×) in sie ein" (S. 248). Dies steht nicht im Einklange mit sonst geäußerten Grundsätzen des Verfassers. Denn eine singuläre Klasse braucht nach ihnen gar nicht erst gebildet zu werden. Wenn *a* ein Individuum der Mannigfaltigkeit ist, so ist *a* damit auch eine Klasse, und es ist nicht nötig, diese Klasse *a* noch als neues Individuum der Mannigfaltigkeit zuzulassen, sondern *a* ist schon ein solches. Übrigens ist es gar nicht erforderlich, daß eine Klasse als Individuum einer Mannigfaltigkeit gegeben sei, damit die identische Null in sie einschlüpfe, sondern die Klasse muß dazu als Klasse in der Mannigfaltigkeit enthalten sein. Nicht auf die *Subter-*, sondern auf die *Sub-*Beziehung kommt es dabei an.

Der Zweifel, ob jedes Individuum als Klasse betrachtet werden darf, die nur aus ihm besteht, wird durch folgende Überlegung verstärkt. Wir können für *P* in unserer vorhin angestellten Betrachtung auch eine Klasse nehmen, die selber eine Menge von Individuen umfaßt; denn wie der Verfasser auf S. 148 sagt, kann eine solche Klasse als ein Gedankending und demgemäß auch als Individuum hingestellt werden. Ist nun *Q* wie oben die Klasse der mit *P* zusammenfallenden Gegenstände, so ist *Q* eine singuläre Klasse, die nur *P* als Individuum enthält. Wäre es nun richtig, daß eine singuläre Klasse mit dem Individuum zusammenfiele, das als einziges unter ihr begriffen wird, so fiele *Q* mit *P* zusammen. Nehmen wir nun an, es seien *a* und *b* verschiedene Gegenstände, die als Individuen unter *P* begriffen werden, so würden sie nun auch unter *Q* begriffen sein; das hieße, sowohl *a* als auch *b* fiele mit *P* zusammen. Folglich fiele auch *a* mit *b* zusammen gegen die erlaubte Annahme, sie seien verschieden. Der Verfasser würde hier vielleicht dem widersprechen, daß *a* und *b* überhaupt in Betracht gezogen würden, weil sie seiner Forderung zufolge nicht zu den Individuen der Mannigfaltigkeit gerechnet werden dürften. Aber wie wir schon sahen, ist dieser Forderung unter unserer Annahme überhaupt nicht zu genügen; sie muß also fallengelassen werden.

Nun ist unsere Annahme, daß singuläre Klassen mit Individuen zusammenfallen, eine notwendige Folge der Auffassung, daß die Klassen aus Individuen bestehen, einer Auffassung, die dem Gebietekalkül gemäß ist und diesem entstammt. Wie wir hier sehen, ist diese Auffassung für den logischen Gebrauch ungeeignet, und der Gebietekalkül, weit entfernt für die Logik von Nutzen zu sein, erweist sich auch hier nur als irreleitend. Es ist bemerkenswert, daß diese letzte Betrachtung auf die identische Null gar keinen Bezug zu nehmen braucht und also in ihrer Beweiskraft ganz unabhängig davon ist, ob die Definition dieser Null aufrecht erhalten werden kann.

Wir haben gesehen, daß die Auffassung, wonach die Klasse aus Individuen besteht, und also das Einzelding mit der singulären Klasse zusammenfällt, in keinem Falle aufrechterhalten werden kann, mögen wir nun an der Schröderschen Forderung festhalten oder sie fallenlassen. In diesem Falle führt jene Auffassung zu Widersprüchen, in jenem Falle müssen wir sie preisgeben, um nur überhaupt die Forderung erfüllbar zu machen. Mithin ist auch unser Sophisma durch jene Forderung nicht abzuwenden.

Nehmen wir z. B. als Mannigfaltigkeit die der ganzen Zahlen! Die Klasse der mit 3 zusammenfallenden Zahlen enthält als einziges Individuum die Zahl 3 selbst. Nehmen wir nun zuerst an, die Zahl 3 sei die singuläre Klasse; dann ist diese Klasse als Individuum der Mannigfaltigkeit gegeben und begreift als Individuum die Zahl 3 unter sich, die selbst Element unserer Mannigfaltigkeit ist, gegen die Schrödersche Forderung. Nehmen wir zweitens an, die oben genannte singuläre Klasse falle nicht zusammen mit der Zahl 3 oder sonst mit einer ganzen Zahl; dann wäre diese Klasse nicht als Individuum unserer Mannigfaltigkeit gegeben, die Schrödersche Forderung wäre erfüllt, aber das Sophisma doch möglich; denn diese singuläre Klasse begriffe die 3 als Individuum unter sich, ebenso aber die identische Null; d.h. die identische Null fiele mit der Zahl 3 zusammen, ebenso mit jeder ganzen Zahl; also fielen alle ganzen Zahlen zusammen.

Hier stellt sich nun das Bedenken ein, ob es nach der Auffassung des Verfassers überhaupt singuläre Klassen geben kann, die ein anderes Individuum als die 0 unter sich begreifen. Denn wenn eine Klasse zu einem Individuum a zusammenschrumpft, so haben wir

$$a \text{ } subter \text{ } a$$

und auch $\qquad\qquad$ $0 \text{ } subter \text{ } a.$

Wenn also a von 0 verschieden ist, so begreift die Klasse a die Individuen a und 0 unter sich, ist also gar keine singuläre Klasse. Die identische Null schlüpft immer mit hinein. Jedoch ist folgende Stelle (S. 241) zu vergleichen: „Wir sahen: 0 bedeutet ‚nichts‘; das Zeichen $subter$[5] entspricht der Kopula und muß mit ‚ist‘ in die Wortsprache übertragen werden; endlich a mag jedes be-

---

[5] Ich ersetze hier das Schrödersche Zeichen durch $subter$ gemäß dem hier angenommenen Sinne der Definition der identischen Null.

liebige[6] Prädikat sein — sagen wir beispielsweise ‚schwarz'. Die Subsumtion 0 *subter a* ist unzweifelhaft richtig, weil die Klasse aller der Dinge, welche wir ‚schwarz' nennen würden, außer diesen nichts enthält, also wie ich sagen darf, noch obendrein auch ‚nichts' enthält."

Nehmen wir nun für *a* die Klasse bestehend aus dem Monde und der identischen Null, so würde ‚0 *subter a*' nach Herrn Schröder aufzufassen sein: die Klasse *a* enthält außer dem Monde nichts; oder: die Klasse *a* enthält den Mond und noch obendrein auch ‚nichts'. Nach dem ersten Ausdrucke sollte man denken, jene Klasse sei eine singuläre und enthalte nur den Mond; nach dem zweiten Ausdrucke scheint es, sie enthalte außer dem Monde noch die identische Null, sei also keine singuläre Klasse. Hiermit vergleiche man, was der Verfasser auf S. 197 sagt: „Es gibt mindestens *ein* Gebiet *c*, welches den Voraussetzungen der Def. (3) genügt, indem nach Def. (2 ×) ... jedenfalls 0 ein solches *c* ist." Unser geistiges Gesichtsfeld ist hierbei in einem ähnlichen Zustande wie unser leibliches, wenn wir mit einem Auge durch ein blaues, mit dem andern durch ein gelbes Glas blicken; in einem Augenblicke haben wir nichts, im nächsten wieder etwas. Foppt uns hier die Sprache nicht, indem sie die Verneinung, die eigentlich zum Prädikate gehört, mit einem andern Bestandteile des Satzes zu einem Scheineigennamen verschmilzt? Wenn wir sagen, die Klasse *a* enthalte außer dem Monde nichts, so verneinen wir den Satz, daß die Klasse außer dem Monde etwas enthalte; aber wir behaupten damit nicht, daß die Klasse außer dem Monde einen Gegenstand mit Namen ‚Nichts' enthalte. So spiegelt uns die Sprache einen Gegenstand vor, und dasselbe scheint Herr Schröder zu tun, wenn er von seiner identischen Null spricht. Und doch erkennt er wohl selbst an, daß ein Name Name für etwas sein muß. Nachdem er nämlich (S. 50) einen Namen mehrsinnig genannt hat, bei dem die Anforderung der Eindeutigkeit nicht erfüllt ist, fährt er fort: „Wofern er nämlich ... überhaupt (einen) Sinn hat, wirklich Name *für etwas* ist, m. a. W. falls wir nur den sinnlosen oder ‚*unsinnigen*' Namen, wie ‚rundes Quadrat' ... beiseite lassen". Ist nicht ‚die identische Null' ein solcher sinnloser, unsinniger Name? Dies wird dadurch bejaht, daß der Verfasser den Namen ‚Nichts', mit dem er, wie wir sahen, seine Null übersetzt (S. 189), unsinnig und undeutig nennt (S. 69).

---

[6] Der Verfasser verweist hier auf die Forderung, die er an die Mannigfaltigkeit stellt.

Hier ist der Ort, die Definition der identischen Null genauer zu betrachten. Sie lautet auf S. 188:

„Es sollen jetzt noch zwei spezielle Gebiete in die Algebra der Logik eingeführt werden, für welche als Namen ... die Zahlzeichen 0 und 1 sich empfehlen. Auch diese wollen wir mittels des Beziehungszeichens der Einordnung erklären, und zwar erfolge die Definition (2 ×) der *identischen Null* dadurch, daß wir die Subsumtion

$$0 \; subter \; a\,[7]$$

als eine *allgemeingültige*, nämlich für *jedes* Gebiet *a* unserer Mannigfaltigkeit anzuerkennende hinstellen. Dies will sagen: 0 *nennen wir ein Gebiet*, welches zu jedem Gebiet *a* in der Beziehung der Einordnung steht, *welches in jedem Gebiete der Mannigfaltigkeit enthalten ist.*"

Diese Definition gehört dem Wortlaute nach ganz dem Gebietekalkül an; aber dem Sinne nach ist sie damit unverträglich. Wir haben vorhin ein Bedenken zurückgedrängt, das wir jetzt genauer ins Auge fassen müssen. Herr Schröder fährt nach den Definitionen seiner 0 und seiner 1 so fort:

„Die Symbole 0 und 1, denen wir diese Eigenschaften zuschreiben, zählen wir jedenfalls hinfort mit zu den ‚Gebieten' unserer Mannigfaltigkeit. Eventuell, möglicherweise werden es ‚uneigentliche' Gebiete sein, d. h. sie bleiben leere Namen, wenn unter den bisher als solche angesehenen wirklichen oder eigentlichen Gebieten, die mit der Mannigfaltigkeit zugleich uns virtuell, fakultativ gegeben erscheinen, sie sich nicht nachweisen lassen sollten."

Hierbei fällt zunächst die Verwechselung von Zeichen und Bezeichnetem auf. In der Definition selbst sagt der Verfasser: „0 nennen wir ein Gebiet ...", woraus deutlich hervorgeht, daß das Nullzeichen Name sein soll für etwas, was ein Gebiet ist. In der eben angeführten Erläuterung erscheinen plötzlich die Symbole selbst als Gebiete. Diese Verwechslung ist dem Verfasser so teuer, daß er von ihr trotz meiner Mahnungen[8] nicht lassen kann.

Der in der Erläuterung vorausgesehene Fall tritt nun bei der Null wirklich ein. In der Tat gibt es z. B. kein Gebiet, das in jedem

---

[7] Ich schreibe hier statt des Schröderschen Einordnungszeichens ‚*subter*'.

[8] Vgl. meine Grundlagen der Arithmetik, Breslau, Koebner, 1884, S. 54 und S. 95 Anm. Auf S. 200 gebraucht der Verfasser die Wendung ‚ein die Null bedeutendes *a*'; bedeutet *a* da das Nullzeichen oder dessen nicht vorhandene Bedeutung?

der Gebiete der Staaten des Deutschen Reiches enthalten wäre. Herr Schröder läßt sich dadurch nicht stören. Die Definition verbürgt ihm die Existenz des Definierten insofern, als sie es gewissermaßen selber erzeugt und schöpferisch einführt (S. 212); freilich sehr gewissermaßen! Dem Symbole 0 hat er durch seine Definition die Eigenschaft zugeschrieben, in jedem Gebiete der Mannigfaltigkeit enthalten zu sein, und somit haben wir nun vermöge dieser schöpferischen Definition ein Gebiet gewonnen, das in jedem Gebiete unserer Mannigfaltigkeit enthalten ist. Das ist freilich nur ein leeres Zeichen; aber da es die verlangte Eigenschaft hat, haben wir alles, was wir brauchen. So meint wenigstens Herr Schröder und begeht damit einen bei den Mathematikern beliebten Fehler, auf den ich wiederholt aufmerksam gemacht habe, ohne Eindruck damit zu machen; woraus wohl zu schließen ist, daß die Mathematiker ein durch Verjährung wohl erworbenes Recht auf seine Begehung haben. Anders bei den Logikern. Es ist doch zu wünschen, daß nicht auch bei ihnen ein solches Recht entstehe, und das zu verhindern, kommt die folgende Darlegung hoffentlich noch nicht zu spät. Wenn das Nullzeichen ein leeres Zeichen ist, so bezeichnet es nichts, verfehlt also als Zeichen seinen Zweck, wenigstens für die Wissenschaft; und in der Dichtung wird es auch kaum Verwendung finden. Sagt doch der Verfasser selbst (S. 128), es komme bei der Gleichsetzung oder Identischsprechung, Identitätsbehauptung nicht auf den Klang der Namen, nicht auf das Aussehen der etwaigen Ausdrücke, sondern ganz allein auf die *Bedeutung* derselben an[9]. Wie aber, wenn keine Bedeutung da ist? Das Nullzeichen ist eine länglichrunde Figur, etwa mit Druckerschwärze auf Papier hervorgebracht. Was tut nun die Definition dazu? Kann sie dieser Figur irgendeine neue Eigenschaft verleihen? Höchstens doch wohl nur die, als Zeichen dessen zu dienen, was man ihr als Bedeutung zuweist. Oder wird diese Figur ein Gebiet, das in jedem Gebiete irgendeiner Mannigfaltigkeit enthalten ist, einfach dadurch, daß ich sage, sie sei ein solches Gebiet? Wenn das möglich wäre, könnte es auch nicht schwer sein, Diamanten zu machen. Nun sagt Herr Schröder in der Definition selbst nicht einmal, diese Figur sei ein solches Gebiet, sondern nur, sie solle Zeichen, Name eines solchen Gebietes sein. Er macht also einen Benennungsversuch, dessen Mißlingen vorauszusehen ist; denn zum Benennen gehört doch vor allen Dingen etwas, was benannt

---

[9] Auf S. 199 verlangt er freilich, daß das Prinzip I (der Identität) auch für Namen anerkannt werde, und zwar ohne Rücksicht darauf, ob dieselben einen Sinn haben oder nicht.

wird, und das fehlt hier. Wie kann nun eine solche Fehlgeburt von Versuch überhaupt eine Veränderung an dem bewirken, das als Name oder Zeichen in Aussicht genommen war? Also in dem Gebietekalkül ist die Definition zu verwerfen. Ganz dasselbe gilt aber auch vom logischen Kalkül; denn etwas, was als Individuum unter jeder Klasse einer Mannigfaltigkeit begriffen ist, gibt es jedenfalls dann nicht, wenn mehr als eine Klasse in der Mannigfaltigkeit enthalten ist, und dieser Fall tritt immer ein, wenn man leere Klassen zuläßt und die Mannigfaltigkeit nicht leer ist. Wenn sie aber leer ist, gibt es überhaupt nichts, was in einer Klasse der Mannigfaltigkeit begriffen wäre.

Kann es wundernehmen, daß aus einer so fehlerhaften Definition Widersprüche hervorgehen! Zu diesen kann man auch wohl rechnen, was der Verfasser auf S. 238 sagt: „*Das ‚Nichts' ist sogar Subjekt zu jedem Prädikate*: das Nichts ist schwarz; das Nichts ist zugleich auch nicht schwarz.“ Behauptungen von der Form ‚*a* ist *b*‘ und ‚*a* ist nicht *b*‘ bilden doch wohl einen Widerspruch. Herr Schröder würde vielleicht hinzufügen: wenn sie nicht inhaltsleer sind; aber dann sind sie eigentlich gar keine Behauptungen, sondern Unsinn, den die Logik höchstens als solchen kennzeichnen kann, den sie aber nicht gebrauchen darf.

Betrachten wir nun die andere mögliche Auffassungsweise unserer Definition! Wir können das Schrödersche Zeichen der Einordnung mit ‚*sub*‘ übersetzen. Dann soll also

$$0 \; sub \; a$$

allgemein für jede Klasse [10] *a* der Mannigfaltigkeit gelten. Wir müssen auch hier 0 und *a* als Umfänge von Begriffen ansehen, um für ‚0 *sub a*‘ einen Sinn zu erhalten. Danach wird also 0 als eine Klasse von Gegenständen aufzufassen sein, die eine gewisse Eigenschaft haben. Sagen wir kurz, 0 sei die Klasse von Gegenständen, die *b* sind [11], indem wir uns vorbehalten anzugeben, was unter ‚*b*‘ zu verstehen sei. Ferner sei *a* die Klasse der Gegenstände, die *c* sind [11]. Dann ist

$$0 \; sub \; a$$

zu übersetzen mit ‚alle *b* sind *c*‘, und dies soll gelten für jede beliebige Klasse *a*, sofern sie nur in unserer Mannigfaltigkeit enthalten ist. Wenn es nun ein Einzelding *v* gäbe, das ein *b* wäre

$$v \; subter \; b,$$

---

[10] Ich schreibe hier ‚Klasse‘ statt ‚Gebiet‘, weil im Gebietekalkül weder die *Sub*- noch die *Subter*-Beziehung vorkommt, sondern die des Teiles zum Ganzen.

[11] Dies ‚sind‘ ist als bloße Kopula aufzufassen. Vgl. oben S. 442 [diese Ausgabe S. 100, Hrsg.].

so wäre auch

$$v \text{ subter } a;$$

und dies sollte gelten für jede Klasse *a* in unserer Mannigfaltigkeit, was wie gesagt unmöglich ist. Es bleibt also nur der Fall übrig, daß es kein Einzelding gibt, das ein *b* ist, oder kurz, daß es kein *b* gibt. Dann ist 0 eine leere Klasse. Aber eine leere Klasse kann es nicht geben, wenn wir unter ‚Klasse' eine Sammlung oder Gesamtheit von Individuen verstehen, so daß die Klasse aus Individuen besteht, oder daß Individuen eine Klasse zusammensetzen, wie der Verfasser sagt (S. 67)[12]. Im Laufe dieser Überlegungen sind wir nochmals darauf hingewiesen worden, daß dieser Sprachgebrauch logisch unbrauchbar ist, daß der Umfang eines Begriffes seinen Bestand nicht in den Individuen hat, sondern in dem Begriffe selbst; d.h. in dem, was von einem Gegenstande ausgesagt wird, wenn er unter einen Begriff gebracht wird. Dann hat es kein Bedenken, von der Klasse der Gegenstände, die *b* sind, auch zu sprechen, wenn es kein *b* gibt. Und alle leeren Begriffe haben nun denselben Umfang[13]. Wir können z. B. für *b* nehmen *sich selbst ungleicher Gegenstand*. Wenn wir nun den Umfang dieses Begriffes 0 nennen, so fragt sich, wie wir den Satz ‚0 *sub a*' oder ‚alle *b* sind *c*' in diesem Falle aufzufassen haben. Herr Schröder liest in diesem Falle (S. 239): ‚Alle *b*, sofern es welche gibt, sind *c*'; oder: ‚*entweder*: es gibt keine *b*, *oder*: wenn es welche gibt, so sind sie alle *c*'. Dieser Auffassung kann ich mich anschließen, da sie sachgemäß und logisch allein brauchbar ist, obwohl sie dem Sprachgebrauche einigen Zwang antut. Danach ist

$$0 \text{ sub } a$$

zu übersetzen: ‚entweder es gibt keine sich selbst ungleichen Gegenstände, oder, wenn es welche gibt, so sind sie alle *c*'. Hiergegen ist nichts zu sagen, und wir haben also eine Klasse der Art, daß sie *sub a* ist, was immer *a* für eine Klasse sein mag. Und das Nullzeichen hat nun in der Tat eine Bedeutung von der Eigenschaft, die unsere Definition fordert.

Fragen wir nun, ob jenes Sophisma möglich sei, das den Anstoß zu dieser ganzen Untersuchung gegeben hat! Es sei wieder Q

---

[12] Doch finden sich auch entgegengesetzte Aussprüche. Auf S. 147 soll der Begriff der Klasse nicht zu eng gefaßt werden, so daß auch leere Klassen zugelassen werden. Wie dies freilich mit den anderen Aussagen vereinbar ist, bleibt unklar.

[13] Man vergleiche hierzu meine Grundgesetze der Arithmetik, Jena, Verlag von Hermann Pohle, 1893, § 3 und § 10.

die Klasse der Gegenstände, die mit P zusammenfallen. Wir haben nun

$$0 \ sub \ Q;$$

d. h.: ‚entweder es gibt keine sich selbst ungleichen Gegenstände, oder, wenn es deren gibt, so fallen sie alle mit P zusammen'. Gegen diesen Satz ist nichts einzuwenden, und von einem Sophisma kann nicht die Rede sein. Wir haben also in diesem Falle gar nicht nötig, unser Denken auf eine Mannigfaltigkeit einzuschränken, welche gewissen Anforderungen genügt, sondern durch die Vermeidung eines Definitionsfehlers kommt alles in die richtige Ordnung.

Für viele der Behauptungen, die ich hier aufgestellt habe, lassen sich auch Schrödersche Stellen anführen, ebenso aber auch widersprechende. Woher mag diese Zwiespältigkeit kommen? Herr Schröder fand, wie er in der Einleitung sagt, große Schwierigkeiten in der Theorie der Bildung und in der Erklärung des Wesens der Begriffe. Er sah den Streit über diese Fragen ohne Entscheidung endlos hin und her wogen. Dieser Unsicherheit wollte er dadurch entgehn, daß er die Logik statt auf den Inhalt des Begriffes auf den Umfang gründete, wobei er glaubte, dahingestellt lassen zu dürfen, wie die Abgrenzung der Klassen zustande kommt. Dies führte ihn zum Gebietekalkül, zu der Auffassung der Klassen als bestehend aus Einzeldingen, als Sammlungen von Individuen; denn in der Tat, was anders soll den Bestand einer Klasse ausmachen, wenn man vom Begriffe, den gemeinsamen Eigenschaften absieht! Auch das Einzelding ist dann eine Klasse. Als Grundbeziehung ergibt sich naturgemäß die des Teils zum Ganzen. Alles dies ist sehr anschaulich, unbezweifelbar; nur schade: es ist unfruchtbar, und es ist keine Logik. Nur dadurch, daß die Klassen durch die Eigenschaften bestimmt werden, die ihre Individuen haben sollen, nur dadurch, daß man Wendungen gebraucht wie folgende: ‚die Klasse der Gegenstände, die b sind', wird es möglich, allgemeine Gedanken auszudrücken, indem man Beziehungen zwischen Klassen angibt; nur dadurch gelangt man zu einer Logik. Daß diese Auffassung der Klasse ganz verschieden von der zuerst genannten und nicht mit ihr verträglich ist, bleibt zunächst freilich verborgen. So läuft eine gröbere Auffassung der Klassen und Begriffsumfänge neben einer feineren und logisch allein brauchbaren her, und gelegentlich wird an Widersprüchen die Unvereinbarkeit beider erkennbar. Es ist begreiflich, daß dies am deutlichsten da geschieht, wo eine Klasse im Sinne des Gebietekalküls nicht vorhanden ist: bei den leeren Begriffen. Man könnte auf den Einfall kommen, solche als unberechtigt abzulehnen; aber damit würde man große und besonders fruchtbare Gebiete von der Logik ausschließen; Herr Schröder tut ganz recht, daß er das nicht will, und daß er die Tragweite der Einführung der identischen Null hervorhebt (S. 189), wiewohl die Anerkennung leerer Begriffe nicht gerade in dieser Form zu geschehen brauchte. Wenn man einen Satz mit ‚es gibt ein‘ zuläßt, darf man einen Satz mit ‚es gibt kein‘ nicht ausschließen. Denn ohne daß die Verneinung eines Satzes einen Sinn hat, ist er selbst ohne Sinn.

Zwei gänzlich verschiedene Fälle sind hier wohl auseinanderzuhalten, die leicht vermischt werden, weil man in beiden von *Existenz* spricht. In dem einen handelt es sich darum, ob ein Eigenname etwas bezeichnet, Name für etwas ist, in dem andern darum, ob ein Begriff Gegenstände unter sich befaßt. Wenn man die Worte ‚es gibt‘ gebraucht, hat man nur diesen letzten Fall. Nun hat ein Eigenname, der nichts bezeichnet, keine logische Berechtigung, weil es sich in der Logik um Wahrheit im strengsten Sinne des Wortes handelt, während er in Dichtung und Sage immerhin gebraucht werden mag[14]. Ganz anders bei Begriffen, die keinen Gegenstand unter sich befassen: solche sind ganz berechtigt. Der Verfasser vermischt diese beiden Fälle, wenn er sowohl ‚Nichts‘, als auch ‚rundes Quadrat‘ einen sinnlosen, unsinnigen oder undeutigen Namen nennt (S. 50 u. 69). Sein ‚Nichts‘ ist in vielen Fällen, wie in den Sätzen ‚das Nichts ist schwarz‘ und ‚das Nichts ist nicht schwarz‘ (S. 238) ein bedeutungsloser Eigenname und deshalb logisch unberechtigt. ‚Rundes Quadrat‘ dagegen ist kein leerer Name, sondern Name eines leeren Begriffs, also nicht bedeutungslos, wie z. B. in den Sätzen ‚es gibt kein rundes Quadrat‘ oder ‚der Mond ist kein rundes Quadrat‘. Hier ist das Wort ‚Gemeinname‘ verwirrend, weil es den Anschein erweckt, als beziehe sich der Gemeinname in derselben oder einer ähnlichen Weise auf die unter den Begriff fallenden Gegenstände, wie der Eigenname sich auf einen einzelnen Gegenstand bezieht. Nichts falscher als das! So muß allerdings der Schein entstehen, daß ein Gemeinname, der zu einem leeren Begriffe gehört, ebenso unberechtigt sei wie ein Eigenname, der nichts bezeichnet. Das Wort ‚Planet‘ bezieht sich gar nicht unmittelbar auf die Erde, sondern auf einen Begriff, unter den unter anderm auch die Erde fällt. So ist die Beziehung zur Erde nur eine durch den Begriff

---

[14] Man vgl. meinen Aufsatz über Sinn und Bedeutung im 100. Bd. der Zeitschrift f. Philos. u. philosoph. Kritik. [Neudruck in „Funktion, Begriff, Bedeutung" (Kleine Vandenhoeck-Reihe, Bd. 1144) 5. Aufl. 1980, S. 40—65. Hrsg.].

vermittelte, und es bedarf zur Erkennung dieser Beziehung der Fällung eines Urteils, das mit der Kenntnis der Bedeutung des Wortes ‚Planet‘ noch keineswegs gegeben ist. Wenn ich einen Satz ausspreche mit dem grammatischen Subjekte ‚alle Menschen‘, so will ich damit durchaus nichts von einem mir ganz unbekannten Häuptlinge im Innern Afrikas aussagen. Es ist also ganz falsch, daß ich mit dem Worte ‚Mensch‘ diesen Häuptling irgendwie bezeichne, daß dieser Häuptling in irgendeiner Weise zur Bedeutung des Wortes ‚Mensch‘ gehöre. Ebenso ist auch falsch, daß in einem solchen Satze viele Urteile mittels des Gemeinnamens zusammengefaßt werden, wie Herr Schröder meint (S. 69). Damit ein Wort wie ‚Mensch‘ oder ‚Planet‘ eine logische Berechtigung habe, ist nur nötig, daß ein entsprechender scharf begrenzter Begriff vorhanden sei; ob dieser Begriff etwas unter sich befaßt, kommt dabei nicht in Betracht.

Man sieht leicht, wie der Gebrauch des Wortes ‚Gemeinname‘ zusammenhängt mit der Auffassung der Klasse oder des Begriffsumfanges als bestehend oder zusammengesetzt aus Einzeldingen. In beiden Fällen ist der Nachdruck auf diese Dinge gelegt und der Begriff übersehen. Nun kommen in dem Schröderschen Werke freilich auch Stellen vor wie folgende: „Wir geben damit kund, daß uns als das Charakteristische beim Begriffe ... nur eben das erscheint, daß unter seinem Namen eine *bestimmte von allen andern unterscheidbare Merkmalgruppe* ... zusammengefaßt ... und in konstanter Weise diesem Namen zugeordnet werde“ (S. 89 u. S. 90); aber das ist wieder nur ein Anzeichen jenes durchgehenden Zwiespaltes, der vom Verfasser nicht empfunden und darum nicht ausgeglichen worden ist[15].

Man gewinnt vielleicht aus diesen Ausführungen den Eindruck, als stellte ich mich in dem Streite der Logiker des Umfangs und der des Inhalts auf die Seite dieser. In der Tat halte ich dafür, daß der Begriff seinem Umfange logisch vorangeht, und betrachte den Versuch als verfehlt, den Umfang des Begriffes als Klasse nicht auf den Begriff, sondern auf die Einzeldinge zu stützen. Auf diesem Wege gelangt man wohl zu einem Gebietekalkül,

---

[15] Es würde hier zu weit führen, genauer das Wesen des Begriffs zu erörtern; ich verweise daher auf meinen Vortrag *Funktion und Begriff*, Jena, Pohle 1891 [Neudruck in „Funktion, Begriff, Bedeutung" (Kleine Vandenhoeck-Reihe, Bd. 1144) 5. Aufl. 1980, S. 17—39. Hrsg.], auf meinen Aufsatz *Über Begriff und Gegenstand* in der Vierteljahrsschrift f. wissenschaftl. Philosophie XVI, 2 [1892. Hrsg. Neudruck a.a.O. S. 66—80. Hrsg.] und auf das, was ich in meinen *Grundgesetzen der Arithmetik*, Jena, Pohle, 1893, in der Einleitung und im § 3 gesagt habe.

aber nicht zu einer Logik. Trotzdem stehe ich in mancher Hinsicht vielleicht dem Verfasser näher, als denen, die man im Gegensatze zu ihm Logiker des Inhalts nennen könnte.

Es mögen zuletzt noch die Ergebnisse dieser Betrachtungen zusammengestellt werden.

1. Der Gebietekalkül, bei dem die Grundbeziehung die des Teiles zum Ganzen ist, muß von der Logik ganz getrennt werden. Die Eulerschen Diagramme sind für die Logik ein hinkendes Gleichnis.

2. Der Umfang eines Begriffes besteht nicht aus den Gegenständen, die unter den Begriff fallen, etwa wie ein Wald aus Bäumen, sondern er hat an dem Begriffe selbst und nur an diesem seinen Halt. Der Begriff hat also den logischen Vorrang vor seinem Umfange.

3. Es sind auseinanderzuhalten

   a) die Beziehung, in der ein Gegenstand (Individuum) zu dem Umfange eines Begriffes steht, wenn er unter den Begriff fällt (*Subter*-Beziehung);

   b) die Beziehung, in der ein Umfang eines Begriffes zu dem Umfange eines Begriffes dann steht, wenn der erste Begriff dem zweiten untergeordnet ist (*Sub*-Beziehung).

4. Durch eine Definition kann man nicht einen Gegenstand mit beliebigen Eigenschaften schaffen, noch einem leeren Namen oder Symbole beliebige Eigenschaften anzaubern.

5. Die Fragen, ob ein Eigenname etwas bedeute und ob ein Begriff etwas unter sich befasse, sind auseinanderzuhalten. Bedeutungslose Eigennamen haben in der Wissenschaft keine Berechtigung; leere Begriffe können nicht ausgeschlossen werden.

ÜBER DIE ZAHLEN DES HERRN H. SCHUBERT

Vorwort

Es ist doch eigentlich ein Skandal, daß die Wissenschaft noch über das Wesen der Zahl im unklaren ist. Daß man noch keine allgemein anerkannte Definition der Zahl hat, möchte noch angehen, wenn man wenigstens in der Sache übereinstimmte. Aber selbst darüber, ob die Zahl eine Gruppe von Dingen oder eine mit Kreide auf einer schwarzen Tafel von Menschenhand verzeichnete Figur sei, ob sie etwas Seelisches, über dessen Entstehung die Psychologie Auskunft geben müsse, oder ob sie ein logisches Gebilde sei, ob sie geschaffen sei und vergehen könne, oder ob sie ewig sei, selbst darüber hat die Wissenschaft noch nichts entschieden. Ist das nicht ein Skandal? Ob ihre Lehrsätze von jenen aus kohlensaurem Kalke bestehenden Gebilden oder von unsinnlichen Gegenständen handeln, weiß die Arithmetik nicht. Ebensowenig herrscht Übereinstimmung in ihr über die Bedeutung des Wortes „gleich" und des Gleichheitszeichens. Die Wissenschaft weiß also nicht, welchen Gedankeninhalt sie mit ihren Lehrsätzen verbindet; sie weiß nicht, womit sie sich beschäftigt; sie ist über ihr eigenes Wesen völlig im unklaren. Ist das nicht ein Skandal? Und ist es nicht ein Skandal, daß eine Kette von Gedankenlosigkeiten mit Erfolg den Anspruch erheben kann, dem neuesten Stande der Wissenschaft zu entsprechen?

So dachte und fühlte ich manches Mal, als ich mich wegen der Fortsetzung meiner Grundgesetze der Arithmetik mit den Schriften anderer Mathematiker über diese Dinge beschäftigte. Zu diesen gehört auch die Darstellung, die Herr H. Schubert in der Enzyklopädie der mathematischen Wissenschaften von den Grundlagen der Arithmetik gegeben hat. Mein erster Eindruck davon war ungünstig; aber allmählich heiterte mein Gemüt sich auf. Was ich als Mangel, als Gebrechen, ja als tödliche Krankheit angesehen hatte, lernte ich als eigentümliche Stärke schätzen. War ich doch anfänglich noch allzusehr in der früher üblichen Überwertung des Denkens befangen. Nur langsam vermochte ich mich zu einem freieren Standpunkte durchzuarbeiten. In der Tat! ist das Denken nicht vielleicht öfter ein Hemmnis für die Wissenschaft als eine vorwärts treibende Kraft? Wieviel lästige

Neben- und Querfragen, wieviel Zweifel werden durch das Denken aufgeworfen, die ohne es einfach nicht vorhanden wären! Wieviel Kräfte werden durch solche Fragen von den Hauptsachen abgelenkt und gehen dem Fortschritte der Wissenschaft verloren! Wieviel kürzer, wieviel bequemer, ja wieviel klarer wird alles, wenn wir die Steine beiseite liegen lassen, die das Denken uns in den Weg wirft! In dem mit der Lethe so nahe verwandten Nichtdenken ist — so hoffe ich — auch der Balsam gefunden, der jene anfangs erwähnten Schmerzen stillen wird.

Je länger ich mich mit der Gesamtheit von Lehren beschäftige, die diese Erkenntnis in mir gereift haben, desto mehr gewinne ich die Überzeugung, daß ihre Ausbildung dem Ende des neunzehnten Jahrhunderts zum besondern Ruhme bei der Nachwelt gereichen wird. Dann wird die klassische Darstellung des Herrn Schubert in erster Reihe genannt werden. Aber zu gewaltig ist das Werk, als daß einem einzigen die Ehre zufallen könnte, es vollbracht zu haben. Die Muse der Geschichte wird sich genötigt sehen, den vollen Ruhmeskranz in kleinere zu zerlegen; und da eröffnet sich die Aussicht, einen Teil davon, wenn auch nur ein einzelnes Lorbeerblatt, vielleicht zu erringen. Dieser Verlockung habe ich nicht widerstehen können.

Wie wäre es, sagte ich mir, wenn ich zur Verbreitung dieser Lehren mein Scherflein beitrüge, wenn ich ihre schwierigeren Teile ausführlicher für einen größeren Kreis darstellte und mit mannigfachen Beispielen erläuterte? Dabei fände sich dann auch wohl eine Gelegenheit, etwas aus dem eigenen beizufügen und so den weiteren Ausbau um ein Geringes zu fördern. Auch auf die möglichen Einwände wäre einzugehen, um die gewonnenen Erkenntnisse gegen jeden Angriff zu sichern. Und gerade zur Verteidigung kann ich mir wohl einige Befähigung zutrauen; denn ich doch selbst zu den Gegnern gehört und kenne deren Kampfmittel. Es mag wohl noch manchen aus einer älteren Schule geben, der im Zorne darüber ergrimmt, daß eine Lehre von solcher Flachheit es wagen könne, sich in einer Enzyklopädie der Mathematik als Blüte der Wissenschaft hinzustellen. Gerade in unserer Zeit, die immer in Gefahr sei, ins Flache zu geraten und sich mit bloßen Worten den Schein einer Erkenntnis vorzugaukeln, gerade in unserer Zeit meint er wohl, sei es dringend nötig, solchen Schein immer wieder zu zerstören und das Wortgewebe zu zerreißen. Auch ich habe so gedacht; und um so mehr glaube ich, demgegenüber die Feinheit und Kraft unserer Lehre zur Geltung bringen zu können.

Wiewohl ich mich im wesentlichen auf die Wiedergabe des von anderen Geschaffenen beschränke, habe ich doch hie und da eine tiefere Begründung erstrebt; besonders aber möchte ich das als ein Verdienst in Anspruch nehmen, daß ich Prinzipien und Methoden, die bisher nur stillschweigend benutzt worden, genau in Worte gefaßt und dadurch ihre Handhabung allgemeiner möglich gemacht habe. Auf zweierlei möchte ich vor allem hinweisen: auf die Methode, störende Eigenschaften durch Absehen von ihnen zum Verschwinden zu bringen, und auf das Prinzip der Nichtunterscheidung des Verschiedenen, wie ich es mir zu nennen erlaubt habe. Es handelt sich dabei, wie gesagt, nicht eigentlich um etwas Neues, sondern darum, etwas, sozusagen, für Fußgänger zugänglich zu machen, was bisher nur auf den Schwingen genialen Erschauens erreichbar war.

Indem ich mich bemüht habe, solches zu leisten und die Tragweite dieser Methoden erkennbar zu machen, hoffe ich, weiteren unabsehbaren Fortschritten die Wege gebahnt zu haben.

Was den Ton der Darstellung anbetrifft, so wird man ihn, denke ich, zu der Würde des Gegenstandes stimmend finden.

Jena, im Oktober 1899.

In der Enzyklopädie der mathematischen Wissenschaften I A I erklärt Herr H. Schubert die Zahl als Ergebnis des Zählens. In der Tat! ist nicht auch das Gewicht eines Körpers das Ergebnis des Wägens? Und einen Körper wägen heißt bekanntlich, ihn auf eine Waagschale legen, wobei man auf die andere gewisse andere Körper legt, bis das Zünglein einspielt, diese anderen Körper zusammen auffassen, von ihrer Farbe, Härte absehen usw. usw. Ebenso ist die chemische Zusammensetzung eines Körpers das Ergebnis der chemischen Analyse; und um jene zu erklären, wird man zunächst anzugeben haben, was chemisch analysieren ist. Was heißt nun Dinge zählen? Nach Herrn Schubert besteht es aus vier Handlungen:

1. die zu zählenden Dinge als gleichartig ansehen;
2. sie zusammen auffassen;
3. ihnen einzeln andere Dinge zuordnen;
4. diese anderen Dinge auch als gleichartig ansehen.

Nach unserem Schriftsteller heißt jedes der Dinge, denen man beim Zählen andere Dinge zuordnet, Einheit und jedes von den Dingen, die man beim Zählen anderen Dingen zuordnet, Einer.

Nun wissen wir doch endlich einmal, wie es bei einer Volkszählung hergeht. Zugleich sehen wir aber auch die ungeheuere Schwierigkeit der Sache. Die Einwohner des Deutschen Reiches zusammen aufzufassen, wird nicht leicht sein, wovon man sich leicht überzeugt, wenn man einmal versucht, die Zuschauer in einem Theater zusammen aufzufassen. Einige Zweifel bleiben indessen bestehen: müssen diese vier Handlungen alle von demselben Menschen verrichtet werden, oder können sich mehrere in die Arbeitslast teilen? Wenn z. B. einer die Einwohner des Deutschen Reiches als gleichartig ansehen könnte, während ein anderer sie zusammen auffaßte usw., so wäre die Sache leichter. Welcher Art sind die Einer, die bei der Volkszählung verwendet werden, und wie werden sie zugeordnet? Es wäre z. B. ganz hübsch, wenn als Einer Nickel gewählt würden und die Zuordnung darin bestände, daß jedem Einwohner ein Nickel in die Hand gedrückt würde. Schöner noch wäre es, wenn statt der Nickel Zehnmarkstücke genommen würden. Das Ergebnis der Zählung — die Zahl — würde natürlich entsprechend der chemischen und physikalischen Verschiedenheit der Metalle Nickel und Gold verschieden ausfallen. Da man auch Hornknöpfe, Orden, Kletten und andere Dinge als Einer benutzen kann, so erkennt man, daß die Mannigfaltigkeit der Zahlen groß ist, die so gewonnen werden können.

Suchen wir uns nun die Natur der Zahl an der Hand unserer Erklärung etwas deutlicher zu machen! Die vier Bestandteile des Zählens scheinen seelische Tätigkeiten zu sein. Da liegt nun die Annahme nahe, daß auch das Ergebnis etwas Seelisches sein werde. Folgendes Beispiel scheint diese Vermutung zu bestätigen. Ein Schüler hat einen Mitschüler gestoßen, ist unaufmerksam gewesen und hat seine Aufgabe nicht gelernt. Der Lehrer hält ihm diese Verfehlungen vor und bewirkt dadurch, daß der Knabe sie zusammen auffaßt und als gleichartig, nämlich als Verfehlungen, ansieht. Der Lehrer gibt ihm alsdann Ohrfeigen, indem er bei jeder bemerkt, für welche jener Verfehlungen sie als Strafe gemeint sei. So geschieht es, daß der Schüler seinen Verfehlungen einzeln die Ohrfeigen zuordnet. Daß er diese auch als gleichartig ansieht, versteht sich bei ihrer unverkennbaren Ähnlichkeit fast von selbst. Damit sind alle Bedingungen erfüllt: der Junge zählt! Und das Ergebnis dieses Zählens? Nun, hoffentlich doch wohl: Reue und Besserung. Das ist also die Zahl, und die Verfehlungen sind die Einheiten, die Ohrfeigen dagegen die Einer. Von welchem Einflusse die Einer dabei sind, erkennt man leicht; denn wenn sie zu schwach ausfallen, springt vielleicht eine ganz andere Zahl als Ergebnis heraus, nämlich statt der Reue gesteigerter Übermut. Man unterschätze also nicht die Wichtigkeit der Einer!

Man würde jedoch irren, wenn man hiermit die Bildung des Zahlbegriffes als abgeschlossen ansehen wollte. Es ist zwischen benannter und unbenannter Zahl zu unterscheiden. Wir lesen weiter auf S. 3: „Wenn man bei einer Zahl durch einen hinzugefügten Sammelbegriff daran erinnert, inwiefern die Einheiten als gleichartig angesehen wurden, spricht man eine *benannte* Zahl aus. Durch vollständiges Absehen von der Natur der gezählten Dinge gelangt man vom Begriff der benannten Zahl zum Begriff der *unbenannten* Zahl. Unter Zahl schlechthin ist immer die unbenannte Zahl zu verstehen."

Über den Fall, daß man weder durch einen hinzugefügten Sammelbegriff daran erinnert, inwiefern die Einheiten als gleichartig angesehen wurden, noch von der Natur der gezählten Dinge vollständig absieht, ist leider nichts gesagt. Auch darüber, wie der Sammelbegriff (in unserem Beispiele wohl: *Verfehlung*) anzubringen sei, fehlt jede Angabe. Dennoch können wir uns von der Entstehung der unbenannten Zahl oder der Zahl schlechthin an der Hand unseres Beispiels eine Vorstellung machen. Ob die Reue eine benannte Zahl sei, mag fraglich bleiben, sicher ist sie noch keine Zahl schlechthin. Um diese zu gewinnen, wird sich der Schüler in einen Dusel versetzen müssen, in dem er sich zwar noch an die Ohrfeigen erinnert, auch noch eine dunkle Ahnung hat, daß er sie für irgend etwas erhalten, aber gar nicht mehr weiß, ob das Verfehlungen gewesen sind oder gar lobenswerte Handlungen. Hypnotismus und Suggestion werden dabei gute Dienste leisten können. Je dummer einer ist, desto besser wird es ihm gelingen. Wir sind noch immer viel zu geneigt, das Denken zu überschätzen. Das Nichtdenken, das Vergessen ist eine viel größere Kraft, und was man durch bloßes Absehen von etwas, durch Nichtdenken an etwas erreichen kann, ist wunderbar. Das Nichtdenken hat offenbar nahe Verwandtschaft zur Dummheit, und so begreift man die Dummheit als Weltmacht, und man versteht nun Talbots Ausruf: „Mit der Dummheit kämpfen Götter selbst vergebens." Sehen wir nun zu, wie wir diese Kraft benutzen können! Wenn man sich z. B. darüber ärgert, daß die Blätter eines Baumes grün sind, so sehe man von ihrer Farbe ab, und sofort sind sie farblos. Wenn man sich dabei in acht nimmt, von der Gestalt des Baumes, von der Farbe seiner Rinde, von den Abständen seiner Teile von benachbarten Bäumen usw. abzusehen, so erhält man einen Baum, der genau an derselben Stelle steht, wie der zuerst betrachtete, genau dieselbe Gestalt hat, überhaupt im übrigen gerade so aussieht, nur mit dem Unterschiede, daß seine Blätter farblos sind. So hat man dann einen neuen Gegenstand der Botanik erobert. Wenn man bei einer wissenschaftlichen Untersuchung auf Schwierigkeiten stößt, so sehe man von ihnen ab, und man hat sie überwunden. Dies ist die leichteste und gefahrloseste Art des wissenschaftlichen Arbeitens. Sie ist besonders für die Untersuchung der Grundlagen der Arithmetik zu empfehlen. Die größten Schwierigkeiten zergehen bei ihr wie Schnee an der Frühlingssonne. Kurz gesagt:

Wenn man Gegenstände hat, deren Eigenschaften zum Teil für einen Zweck passend, zum Teil aber hinderlich sind, so sehe man von den störenden Eigenschaften ab, nehme sich aber in acht, auch von den förderlichen abzusehen. So erhält man Gegenstände, die nur die passenden Eigenschaften ohne die störenden haben.

Man hat das noch längst nicht genügend ausgenutzt. Einige Andeutungen für weitere Verwertungen mögen daher nicht unerwünscht sein. Anwendungen können davon gemacht werden in der Metallurgie (Entphosphorung des Eisens), Pädagogik (Erziehung von Musterknaben), Medizin (Vermeidung störender Nebenwirkungen von Heilmitteln), Politik (Unschädlichmachung widerstrebender Parteien und feindlicher Mächte)[1] und gewiß noch auf vielen anderen Gebieten. Bei der Wichtigkeit der Sache wird der Versuch einer tieferen erkenntnistheoretischen Begründung wohl nicht unstatthaft sein. Bekanntlich haben wir nur unsere Vorstellungen. Was man blaue, weiche, große, ferne Dinge nennt, sind eigentlich blaue, weiche, große, ferne Vorstellungen. Wenn es mir also gelingt, meine Vorstellungen zu verändern, so habe ich damit die Dinge verändert; denn Dinge sind Vorstellungen. Nun kann ich durch Absehen von ihnen gewisse Eigenschaften der Vorstellungen, z. B. ihre Farbe, zum Verschwinden bringen, während ich andere dadurch erhalte, daß ich sie beachte. Und damit haben wir, was wir brauchen.

Von dem Nichtdenken machen wir auch hier Gebrauch. Wir haben gesehen, daß durch das Zählen allein die Zahl schlechthin noch nicht erzeugt wird: es muß noch eine Tat des Vergessens hinzukommen. Dieses vollständige Absehen von der Natur der Dinge ist nicht zu verwechseln mit dem gemeinen Abstrahieren der Logiker, durch das Begriffe gewonnen werden sollen. Hier haben wir etwas weit Bedeutsameres. Es handle sich z. B. um die Zählung von Erbsen. Durch Abstrahieren gewinnt der Logiker den Begriff *Erbse*, und dabei kommt es auf eine Handvoll mehr oder weniger gewöhnlich nicht an. Die einzelnen Erbsen bleiben dabei ganz unverändert und werden nicht etwa in den Begriff *Erbse* verwandelt oder durch ihn ersetzt, sondern dieser ist außerdem da. Viel wunderbarer ist der Hergang hier: jede

---

[1] Dieser Gedanke möchte indessen nicht neu sein; schon der Vogel Strauß soll einen ähnlichen gehabt haben.

einzelne Erbse legt ihre ganze Erbsennatur ab, führt aber trotzdem — und das ist das Wunderbarste — ihr schattenhaftes Dasein gesondert von ihren Genossinnen weiter, ohne mit ihnen zu verschmelzen. Ursprünglich hatten wir eine Gruppe, und wir haben uns natürlich sehr gehütet, von dem Gruppenartigen und von dem Sonderdasein der einzelnen Erbsen abzusehen. Das bleibt also. Wir behalten eine Gruppe getrennter Dinge; aber diese Dinge sind nicht mehr Erbsen; denn dadurch, daß wir ihre Erbsennatur vergessen haben, sind sie dieser ja ganz entkleidet worden; sie haben auch keine andere Natur wieder angenommen, sondern sind ganz naturlos geworden. Sie sind also gar nicht mehr Dinge im gewöhnlichen Sinne des Wortes, bei denen man immer irgendwelche Eigenschaften voraussetzt; wir müssen vielmehr eine besondere Klasse, die der naturlosen Dinge, anerkennen, deren Natur eben darin besteht, keine Natur zu haben. Solche naturlosen Dinge also bilden Gruppen und sind Einheiten der Zahlen schlechthin.

Daß von der Natur der Einer abgesehen werden solle, ist nicht gesagt; und das ist gut. Sonst könnte leicht alles vor unseren geistigen Augen verschwimmen, und wir würden in Gefahr sein, die Einer mit den Einheiten zu verwechseln. Also die Natur der Einer ist nicht gleichgültig. Ob diese z. B. von Nickel oder von Gold sind, ist ein wesentlicher Unterschied für die Zahl, auch für die Zahl schlechthin.

Um uns zu vergewissern, daß wir den Vorgang der Zahlbildung richtig aufgefaßt haben, wäre es wünschenswert, ihn an dem Beispiele einer von Herrn Schubert selbst genannten Zahl beobachten zu können. Auf S. 14 tritt die Zahl 1 auf, ohne uns vorgestellt zu sein, und tut gleich ganz vertraulich wie eine alte Bekannte. $Τίς, πόθεν εἷς$; Welcher begnadeten Seele verdankst du dein Dasein? Welche Gegenstände waren es, die diese Seele als gleichartig ansah und zusammen auffaßte? Waren die Einer von Gold, die diese Seele ebenfalls als gleichartig ansah und den ersten einzeln zuordnete? Wir wissen es leider nicht, müssen aber annehmen, daß so vor Zeiten eine benannte Zahl entstanden ist, sozusagen die Raupe der Zahl 1, aus der diese selbst dann als Schmetterling durch einen Verpuppungsvorgang, das Absehen von der Natur der gezählten Gegenstände, hervorging. Wie interessant wäre es, das alles beobachten zu können! Aber das geschah wohl in grauer Vorzeit, und die Natur bringt ein solches Wesen wohl nur einmal hervor.

Definitionen müssen sich in der Anwendung bewähren; und so fragen wir: kann man die Schubertsche Definition der Zahl gebrauchen? Gewiß! „Wegen der Gleichartigkeit der Einheiten untereinander und der Einer untereinander ist die Zahl unabhängig von der Reihenfolge, in welcher den Einheiten die Einer zugeordnet werden." Reihenfolge? Davon ist noch gar nicht die Rede gewesen. Es soll wohl heißen, es sei für das Ergebnis gleichgültig, welcher Einer dabei welcher Einheit zugeordnet werde. Vorhin war nur gesagt, die Dinge sollten als gleichartig angesehen werden; jetzt wird einfach vorausgesetzt, sie seien gleichartig. Was ist gleichartig? Sind z. B. Schreibfedern aus verschiedenen Fabriken gleichartig? Sind unverletzte Borsdorfer Äpfel gleichartig solchen mit Fallstellen? Wir werden darauf antworten müssen: nachdem sie als gleichartig angesehen worden sind, sind sie auch gleichartig. Ich brauche nur Julius Caesar als gleichartig dem Sirius anzusehen, so ist er ihm gleichartig; und es ist nun vollkommen einerlei, ob ich dem einen den Namen „Sirius" und dem anderen den Namen „Julius Caesar" zuordne, oder umgekehrt. Man gebe einem Maurermeister einen Plan und sage ihm: nach diesem Plan baue ein Haus; bevor du aber anfängst, siehe die zu verbauenden lufttrocknen Steine, die gebrannten Steine und die Bruchsteine als gleichartig an. Wegen der Gleichartigkeit der Steine wird es nach Vollendung des Baues ganz gleichgültig sein, an welchen Stellen lufttrockene Steine, an welchen gebrannte Steine und wo Bruchsteine verwendet worden sind. Nun meint vielleicht ein Tor, er habe gar keine Veränderung an den Steinen bemerkt, als der Meister sie als gleichartig angesehen. O du Kleingläubiger! Weißt du nicht, daß alles nur Vorstellung ist?

Am Ende eines Vierteljahres sollen in einer Schulklasse Zeugnisse verteilt werden. Man sehe nun die Schüler als gleichartig an, so sind sie es. Ebenso sind die Zeugnisse gleichartig, nachdem sie als gleichartig angesehen worden sind. Wegen dieser Gleichartigkeit ist es nun völlig einerlei, ob die guten Schüler gute und die schlechten schlechte Zeugnisse erhalten, oder ob die Zeugnisse einfach verlost werden. Vielleicht darf man jetzt, nachdem die Schüler als gleichartig angesehen worden sind, gar nicht mehr von guten und schlechten Schülern sprechen, auch wohl nicht mehr von großen und kleinen, breiten und schmalen Schülern. Sie haben nun auch wohl alle dieselbe Haarfarbe, denselben Gesichtsausdruck. Sobald überhaupt noch Unterschiede bestehen, ist es einerlei, ob sie groß oder klein sind. Die Einheiten dürfen sich gar nicht unterscheiden; denn wenn nur der geringste Unterschied besteht, so bewirkt eine Änderung in der Zuordnung eine Änderung des Ergebnisses. Nun kommt es gar nicht vor, daß uns Gegenstände gegeben sind, die sich gar nicht unterscheiden. Denn wenn sich ein Ding a von einem Dinge b gar nicht, nicht einmal durch den Ort unterscheidet, so fällt *a* mit *b* zusammen. Indem wir die Dinge als gleichartig ansehen, bearbeiten wir sie so, daß sie ihre Verschiedenheiten verlieren. Und wir sehen die Möglichkeit davon auch leicht ein, wenn wir uns erinnern, daß die Dinge Vorstellungen sind.

Diese Bearbeitung mag nun in einer Hinsicht nützlich sein; doch bereitet sie in anderer wieder Schwierigkeiten. Wir müssen offenbar darauf achten, daß jeder Einheit ein Einer und nicht mehr zugeordnet werde, und so auch jeder Einer einer und nur einer Einheit. Dies ist nicht anders möglich, als dadurch, daß wir die Einheiten ebenso wie die Einer voneinander unterscheiden. Je mehr es uns gelingt, die Einheiten von ihren unterscheidenden Eigenschaften zu reinigen, desto schwerer wird es, sie deutlich auseinanderzuhalten und ihnen die Einer in richtiger Weise zuzuordnen. Und unmöglich — was sage ich „unmöglich" — äußerst schwierig wird es, wenn uns jene Reinigung vollkommen gelingt. Unmöglich kann es nicht sein, sonst gäbe es ja keine Zahlen, und wo bliebe dann die Arithmetik? Aber leicht ist die Sache allerdings nicht, und das Zählen gehört ohne Zweifel zu den schwierigsten wissenschaftlichen Arbeiten. Es muß wohl besonders kräftige Seelen geben, welche die Dinge von allen ihren Unterschieden reinigen können, und denen es, wenn sie sich nur rechte Mühe geben, trotzdem gelingt, die nicht mehr verschiedenen Dinge so zu unterscheiden, daß sie ihnen mit Sicherheit einzeln andere Dinge, die auch nicht mehr verschieden sind, zuordnen können. Unterschieden sich die Dinge auch noch so wenig, so wäre eine Änderung in der Zuordnung von Einfluß auf das Ergebnis, und das darf nicht sein. Andererseits muß die Zuordnung noch möglich sein, sonst entsteht keine Zahl. Die von den besonders kräftigen Seelen erzeugten Zahlen müssen dann in die gewöhnlichen Menschenseelen übergeführt werden. Und jene werden gut tun, für einen recht großen Vorrat an Zahlen zu sorgen, daß wenigstens von den nützlichsten Arten jeder Mensch ein Exemplar erhalten kann. Aber bei aller Hochachtung vor ihnen glaube ich doch nicht, daß sie unendlich viele Zahlen zustande bringen können. Und wenn Euklid bewiesen zu haben glaubte, daß es unendlich viele Primzahlen gäbe, so wird er sich geirrt haben. Er nahm eine Vorschrift zur Anfertigung einer Zahl für diese selbst, als ob er mit dem Rezepte zu einem Eierkuchen schon einen Eierkuchen gehabt hätte. Darin war er wohl zu sanguinisch.

Auf S. 5 lesen wir, wann zwei Zahlen *a* und *b* einander gleich heißen, nämlich dann, wenn die Einheiten von *a* und die von *b* sich einander so zuordnen lassen, daß alle Einheiten von *a* und von b an dieser Zuordnung teilnehmen. Zunächst ist zu betonen, daß die hier erklärte Gleichheit nicht völliges Zusammenfallen, Identität ist. „Die Zahlen a und b sind einander gleich" soll nicht soviel heißen wie „die Zahl a ist dieselbe wie die Zahl b" oder „die Zahl a fällt zusammen mit der Zahl b". Solche Zahlen, deren Einheiten sich einander in der angegebenen Weise zuordnen lassen, brauchen nicht dieselben Einheiten zu haben und können sich außerdem noch durch ihre Einer unterscheiden. Da hier das Wort „Zahl" ohne weiteren Zusatz gebraucht ist, sind hier offenbar Zahlen schlechthin gemeint. Die Sätze „drei Könige sind gleich drei Buben", „zwei Paar Handschuhe sind gleich zwei Dutzend Hemden" passen als Beispiele nicht, da die Zahlen hier, wie es scheint, benannt sind. Aber haben wir denn überhaupt noch Einheiten? Zuerst werden die Dinge als gleichartig angesehen, und zwar als so gleichartig, daß sie nicht mehr zu unterscheiden waren; d. h. doch wohl: alle Eigenschaften wurden zum Verschwinden gebracht, durch die sie sich unterschieden. Zuletzt mußte dann noch, um die unbenannte Zahl zu erzeugen, von der Natur der Einheiten vollständig abgesehen werden, also auch noch die Eigenschaften getilgt werden, die sie gemein hatten. Bleibt denn da überhaupt noch etwas von ihnen übrig? Gewiß! es bleiben die naturlosen Dinge übrig. Gibt es Dinge, die nicht zusammenfallen und sich doch durch nichts unterscheiden? Gewiß! eben die naturlosen Dinge. Welche Dinge sind die Einheiten der Zahl 1? Man spricht auch von einer Zahl 9 und sagt von ihr z. B., daß sie eine Quadratzahl sei. Da ich bei Herrn Schubert keine entgegenstehende Äußerung kenne, nehme ich an, daß auch er die Zahl 9 anerkennt. Nun gut! Welche Dinge sind die Einheiten der Zahl 9? Wir dürfen wohl vermuten, daß nicht alle naturlosen Dinge solche Einheiten sind; sondern daß es eine bestimmt abgegrenzte Klasse von Dingen gibt, die man die Einheiten der Zahl 9 nennt. Wodurch wird nun diese Abgrenzung bewirkt? Wodurch unterscheiden sich diese Einheiten der Zahl 9 von anderen naturlosen Dingen, z. B. von den Einheiten der Zahl 1? Eigenschaften, eine Natur sind ja, wie es scheint, weder bei diesen noch bei jenen mehr zu finden. Bei der eben festgestellten Bedeutung des Wortes „gleich" liegen die Fragen nahe: gibt es eine oder mehrere Zahlen, welche der Zahl 1 gleich sind? gibt es Zahlen, welche der Zahl 9 gleich sind? Im Falle der Bejahung ist weiter nach den Einheiten dieser anderen Zahlen zu fragen und nach deren Einern. Man lasse sich durch solche Fragen nicht zum Zweifel an dem Dasein der Einheiten einer unbenannten Zahl verleiten! Freilich sind durch das völlige Absehen von der Natur der gezählten Dinge die Spuren verwischt worden, die von der unbenannten Zahl zur benannten Zahl und deren Einheiten zurückführen. Aber jede Zahl schlechthin muß eine benannte Zahl zur Mutter haben; sonst wäre sie selbst nicht da. Und diese Mutterzahl muß Einheiten (gezählte Dinge) haben. Aus diesen Einheiten sind durch völliges Absehen von ihrer Natur die Einheiten der Zahl schlechthin entstanden, die folglich ebenfalls da sind. Also hat jede Zahl schlechthin Einheiten, und diese sind naturlose Dinge. Man könnte hiergegen noch einwenden, daß die Einheiten der benannten Zahl, die allerdings einmal dagewesen sein müssen, später vielleicht vernichtet worden sind. Nehmen wir an, wir hätten ursprünglich Holzstücke gezählt, so zunächst eine benannte Zahl gewonnen, dann von der Natur der Holzstücke — daß es eben Holzstücke sind — völlig abgesehen und dadurch eine Zahl schlechthin erzeugt. Nun könnte jemand auf den Gedanken kommen, die Holzstücke zu verbrennen und dann spöttisch zu fragen: wo ist nun deine Zahl? ist sie mit verbrannt? und wenn nicht, wo sind nun ihre Einheiten? Gemach, mein Lieber! Von den benannten Zahlen mögen immerhin einige verbrannt werden können. Aber die Verbrennbarkeit gehört offenbar zur Natur der Holzstücke; von dieser ist völlig abgesehen, und dadurch sind die Holzstücke unverbrennbar geworden. Nun magst du dich auf den Kopf stellen, verbrennen kannst du sie doch nicht. Immerhin bleibt es schwierig die so ganz naturlos gewordenen Holzstücke oder vielmehr Nichtholzstücke aus der Menge der gleichfalls naturlos gewordenen Dinge herauszufinden. Aber mit gutem Willen lassen sich die größten Schwierigkeiten überwinden. Das beste Mittel dazu ist immer dies: man sehe gänzlich von ihnen ab.

Nun sind wir genügend vorbereitet, um zur Addition übergehen zu können. Auf S. 6 lesen wir:

„Wenn man zwei Gruppen von Einheiten hat, und zwar so, daß nicht allein alle Einheiten jeder Gruppe gleichartig sind, sondern daß auch jede Einheit der einen Gruppe jeder Einheit der anderen Gruppe gleichartig ist, so kann man zweierlei tun: entweder man kann jede Gruppe einzeln zählen und jedes der beiden Zähl-Ergebnisse als Zahl auffassen [2] oder man kann die Zählung über beide Gruppen erstrecken und das Zählergebnis als Zahl auffassen. Im ersteren Falle erhält man zwei Zahlen, im letzteren Falle nur eine Zahl. Man sagt dann von dieser im letzteren Falle erhaltenen Zahl, daß sie die *Summe* der beiden

---

[2] Da das Zähl-Ergebnis nach der Schubertschen Erklärung eine Zahl ist, darf es natürlich als Zahl aufgefaßt werden, was sonst wohl nicht ohne weiteres erlaubt wäre.

im ersteren Falle erhaltenen Zahlen sei, und diese beiden Zahlen nennt man die *Summanden* der Summe. Der soeben geschilderte Übergang von zwei Zahlen zu einer einzigen heißt *Addition*."

Nur schade, daß es gar nicht der Übergang von zwei Zahlen zu einer einzigen ist! Denn als gegeben werden vorausgesetzt nicht zwei Zahlen, sondern zwei Gruppen von Einheiten, und von ihnen geht man über erstens zu zwei Zahlen, zweitens zu einer einzigen Zahl. Um von den beiden Zahlen zu der einzigen überzugehen, müßte man zunächst von den beiden Zahlen zu den beiden Gruppen von Einheiten zurückgehen, um dann von diesen zu der einzigen Zahl zu gelangen. Jener Rückgang ist freilich nicht immer leicht auszuführen. Aber diese Schwierigkeit ist, wie wir eben gesehen haben, immer zu überwinden[3].

Wenn wir nun die beiden Gruppen von Dingen haben, so fragt es sich weiter, ob die Bedingungen erfüllt sind, die für die Addition gestellt worden. Daß die Einheiten jeder der beiden Gruppen unter sich gleichartig sind, folgt daraus, daß sie bei den Zählungen als gleichartig angesehen worden. Nun können noch die Einheiten der ersten Gruppe ungleichartig denen der zweiten sein. Dieses Hindernis ist leicht hinwegzuräumen: man sehe die Dinge der ersten Gruppe als gleichartig an denen der zweiten, und sie werden es sofort auch sein. Gewichtiger mag folgendes Bedenken erscheinen. Es könnte sich nämlich herausstellen, daß einige Einheiten sowohl dieser, als auch jener Gruppe angehörten. Dieser Fall kann eintreten sowohl, wenn die Zahlen benannte und mithin ihre Einheiten gewöhnliche Dinge sind, als auch, wenn die Zahlen unbenannte, ihre Einheiten also naturlos sind. Ich weiß nicht, was das für ein Hindernis wäre; nirgends ist ja gesagt, daß dieser Fall auszuschließen sei, Allerdings darf die zweite Gruppe nicht genau aus denselben Einheiten bestehen wie die erste; denn dann fiele sie mit ihr zusammen, und wir hätten nur eine einzige Gruppe, während wir zur Addition doch zwei Gruppen nötig haben. Daraus folgt, daß man eine Zahl nicht zu sich selbst addieren kann; denn die zweite Gruppe bestände dann ja ebenso wie die erste aus den Einheiten jener Zahl und nur aus diesen, so daß wir nur eine einzige Gruppe hätten.
Über die Addition schreibt nun Herr Schubert weiter:

„Aus dem Begriff des Zählens folgt, daß es immer nur eine Zahl geben kann, welche die Summe zweier beliebigen Zahlen ist,

---

[3] Ob freilich 9^{9^9} und 1 addierbar seien, muß bezweifelt werden, weil höchstwahrscheinlich 9^{9^9} gar nicht durch Zählung entstanden, also keine Zahl ist. Wo keine Gruppe von Einheiten ist, da ist auch keine Addition möglich.

und daß es umgekehrt auch nur eine Zahl geben kann, die, mit einer gegebenen Zahl durch Addition verbunden, zu einer *größeren* gegebenen Zahl als Summe führt."

Beides möchte ich doch bezweifeln. Daß es nicht mehr als eine Summe geben könne, ist bei der möglichen Verschiedenheit der Einer nicht ganz klar. Wir wissen nicht, ob wir bei der Zählung über beide Gruppen dieselben Einer nehmen müssen, die schon bei den Zählungen der einzelnen Gruppen verwendet worden sind, oder ob wir andere nehmen dürfen. Verboten ist das jedenfalls nirgends, und so können wir verschiedene Zahlen als Summen erhalten, je nachdem wir als Einer z. B. Pfennigstücke oder Planeten verwenden. Da von der Natur der Einer nicht abzusehen ist, kann das nicht gleichgültig sein.

Betrachten wir nun ferner die Aufgabe, bei der eine Zahl als Summe, eine andere Zahl als einer ihrer beiden Summanden gegeben ist und der andere gesucht wird! Nehmen wir an, die Einheiten der ersten Zahl seien die Sterne erster und zweiter Größe des Sternbildes Orion und die Einheiten der zweiten Zahl seien die Sterne Kastor und Pollux der Zwillinge. Nun müßten jene Sterne des Orion zwei Gruppen bilden, von denen eine aus Kastor und Pollux bestände. Das ist nicht möglich; die Aufgabe ist unlösbar. Man könnte sie dadurch lösbar zu machen suchen, daß man jene Sterne der Zwillinge einzeln zuordnete etwa den Sternen Beteigeuze und Rigel und aus diesen die zweite Gruppe bestehen ließe. Aber hätte man dann die gegebene zweite Zahl benutzt? Gleich mag die Zahl, deren Einheiten Beteigeuze und Rigel sind, wohl der Zahl sein, deren Einheiten Kastor und Pollux sind; aber sie fällt nicht mit ihr zusammen. Mit gutem Bedacht hat ja unser Schriftsteller das Wort „gleich" so erklärt, daß es mit „identisch" oder „zusammenfallend" nicht verwechselt werden kann. Wir benutzen dann zwar eine der zweiten gegebenen Zahl gleiche, aber nicht sie selbst. Also unsere ursprüngliche Aufgabe würde doch nicht gelöst, sondern eine andere dafür untergeschoben. Man meint vielleicht: da wir von der Natur der Einheiten abgesehen haben, ist es einerlei, ob wir als Einheiten der zweiten Zahl Kastor und Pollux oder Beteigeuze und Rigel nehmen. Das ist zwar ganz schlau ausgedacht; ich möchte aber doch dringend davor warnen, diesen Weg zu betreten. Sonst könnte jemand auf den Verdacht kommen, daß wir bloßes Geschwätz machten, wenn wir z. B. von den Einheiten der Zahl 2 oder von den Einheiten der Zahl 9 sprächen, indem wir selber gar nicht wüßten, welche Dinge wir damit meinten; dann wären ja nämlich die Einheiten einer Zahl durch diese selbst gar nicht bestimmt. Nun ist Herr Schubert allerdings so vorsichtig, sich in allgemeinen Redensarten wie „die Einheiten von a" zu bewegen, was offenbar ein ganz anderer Fall ist; wir könnten aber doch einmal bei unserer geringeren Gewandtheit dazu gedrängt werden, von den Einheiten der Zahl 2 zu reden, und für diesen Fall ist es sicherer, jenen Ausweg nicht zu gebrauchen, damit wir wenigstens die Miene annehmen können, als wüßten wir, welche Dinge wir damit meinen. Es ist allerdings zuzugeben, daß unser Beispiel dann nicht paßt, wenn es sich um Zahlen schlechthin handelt, und das ist hier wohl anzunehmen. Da Kastor und Pollux ebenso wie Beteigeuze und Rigel eine Natur haben, so können sie nicht zu Einheiten einer Zahl schlechthin gewählt werden. Ich bin dazu verführt worden, weil mir wohl Namen von Fixsternen, nicht aber Namen naturloser Dinge bekannt sind. Um ein richtiges Beispiel für die Subtraktion zu bilden, müssen wir also die Einheiten aus der Klasse der naturlosen Dinge nehmen. Da aber diese, wie wir gesehen haben, ebenso gesondert voneinander sind, wie die Fixsterne, und jede Zahl schlechthin ganz bestimmte von ihnen zu Einheiten hat, so ist der Fall hier ebenso möglich, daß die Einheiten des Subtrahends unter denen des Minuends nicht vorkommen. Wir können demnach die Subtraktionsaufgabe auch dann nicht immer für lösbar halten, wenn der Minuend größer als der Subtrahend ist.

Über die Bezeichnungen finden wir hier folgende Aussprüche:

„Für gleich, größer, kleiner benutzt man in der Arithmetik bzw. die drei Zeichen $=$, $>$, $<$, die man zwischen die verglichenen Zahlen setzt."

„Um anzudeuten, daß aus zwei Zahlen a und b eine dritte s durch Addition hervorgegangen ist, setzt man das Zeichen $+$ (plus) zwischen die beiden Summanden."

Wir haben gelernt, daß die Zahl seelischer Natur, wahrscheinlich ein seelischer Zustand ist. Wie machen wir es nun, ein Gleichheitszeichen, das wir mit Kreide auf eine Tafel schreiben können, zwischen seelische Zustände zu setzen? Zunächst vermutet man natürlich, unser Schriftsteller meine nicht, daß es zwischen Zahlen, sondern daß es zwischen Zahlzeichen zu setzen sei. Das wäre dann ein ungenauer Ausdruck. Wenn ich nicht weiter gelesen, hätte ich mich dieser Vermutung wohl angeschlossen, obwohl die gewohnte Genauigkeit des Herrn Schubert sie eigentlich von vornherein unwahrscheinlich machen sollte. Auch würde man damit seinem Tiefsinne in keiner Weise gerecht werden. Offenbar haben wir es schon hier mit einer Anwendung eines Prinzips zu tun, dessen große Tragweite wir später erkennen werden. Es ist, wie es scheint, schon mehrfach von Mathematikern gebraucht worden, ohne daß es, soviel ich weiß, mit deutlichen Worten ausgesprochen und benannt worden wäre. Ich möchte es nennen *das Prinzip der Nichtunterscheidung des Verschiedenen.* Es besteht — kurz gesagt — darin, daß *zwischen dem Zeichen und dem Bezeichneten nicht zu unterscheiden ist.* Man sieht leicht, wie mit diesem Prinzipe hier Licht in die Dunkelheit kommt. Der hier gegebenen Erklärung des Pluszeichens und seines Gebrauches würde mancher vielleicht folgende vorgezogen haben:

„Eine Zeichenverbindung, die aus zwei Zahlzeichen und einem dazwischen gesetzten Pluszeichen besteht, bezeichnet die Summe der links und rechts vom Pluszeichen bezeichneten Zahlen."

Danach wäre z. B. „2 + 3" ein Zahlzeichen, und wenn man nun in der auf S. 7 der Enzyklopädie angeführten Formel

$$\text{„}a + b = b + a\text{"}$$

die Buchstaben etwa durch die Zahlzeichen „2" und „3" ersetzte, so käme das Gleichheitszeichen zwischen Zahlzeichen zu stehen. Das ist falsch, sondern durch „2 + 3" wird nur angedeutet, daß eine Zahl, die hier weder bezeichnet noch angegeben ist, durch Addition aus 2 und 3 hervorgegangen ist. Solche geschichtlichen Andeutungen werden also durch das Gleichheitszeichen verbunden. Der hiermit eingenommene Standpunkt überhebt uns der Beantwortung von Fragen, die sonst lästig werden könnten. Wenn 2 + 3 eine Zahl wäre, nämlich die Summe von 2 und 3, so könnte man fragen: Welche Dinge sind Einheiten von 2 + 3? Sind dieselben Dinge Einheiten von 2 + 3 und von 5? Ist 2 + 3 dieselbe Zahl wie 5? Oder sind 2 + 3 und 5 verschiedene, aber gleiche Zahlen? Hierauf ist kurz zu sagen: 2 + 3 ist überhaupt keine Zahl; sondern wir deuten mit „2 + 3" nur die geschichtliche Tatsache an, daß eine Zahl — die zu nennen wir nicht verpflichtet sind — aus 2 und 3 durch Addition hervorgegangen ist.

Wir kommen nun zum interessantesten Teile der Schubertschen Darlegung, zur Gewinnung der Null. Wir lesen auf S. 11:

„Da nach der Definition der Subtraktion der Minuend eine Summe ist, deren einer Summand der Subtrahend ist, so hat die Verknüpfung zweier gleicher Zahlen durch das Minuszeichen keinen Sinn. Eine solche Verknüpfung hat zwar die *Form* einer Differenz, stellt aber keine Zahl im Sinne der No. 1 dar."

Daß hier Zahlen und nicht Zahlzeichen durch das Minuszeichen verknüpft erscheinen, kann dem nicht auffallen, der sich das Prinzip der Nichtunterscheidung des Verschiedenen völlig zu eigen gemacht hat. Um nun dem erwähnten Übelstande abzuhelfen, wird das Prinzip der Permanenz zu Hilfe gerufen, das nach Herrn Schubert in viererlei besteht:

„erstens darin, jeder Zeichen-Verknüpfung, die keine der bis dahin definierten Zahlen darstellt, einen solchen Sinn zu erteilen, daß die Verknüpfung nach denselben Regeln behandelt werden darf, als stellte sie eine der bis dahin definierten Zahlen dar"[4].

Also ein Sinn soll der Zeichen-Verknüpfung erteilt werden, und dieser Sinn soll zur Folge haben, daß die Verknüpfung nach gewissen Regeln behandelt werden dürfe. Das ist ganz verständlich: die Regeln, nach denen die Zeichen zu behandeln sind, hängen ab von dem Sinne, den die Zeichen haben. Nichts einfacher als dieses, aber ganz entgegengesetzt einer gewissen formalen Lehre, nach der die Zeichen keinen Sinn haben, oder wenigstens keinen zu haben brauchen, sondern ähnlich wie Schachfiguren aufzufassen sind, über deren Handhabung Regeln ganz willkürlich und ohne Rücksicht auf einen Sinn aufgestellt werden können. Das ist nicht der Standpunkt des Herrn Schubert, sondern dieser hält den Sinn allerdings für notwendig. Zwar sind auch für ihn die Regeln schon vorher da; aber er sagt nicht: diese Regeln sollen nun auch für die Handhabung solcher Zeichen gelten, die noch keinen Sinn haben; ob sich für diese dann noch ein diesen Regeln angemessener Sinn wird finden lassen, ist mir gleichgiltig. So sagt Herr Schubert nicht, sondern er will den Zeichen-Verknüpfungen einen solchen Sinn geben, daß sich aus diesem Sinne für die Behandlung der Zeichen-Verknüpfungen die gewünschten Regeln ergeben. Im Gebiete der Gegenstände selbst herrschen gewisse Gesetze, und es ist verständlich, wie sich diese als Regeln abspiegeln, die von den zugehörigen Zeichen gelten. Danach könnte man erwarten, daß unser Schriftsteller irgendeinen Gegenstand aufweisen werde, der denselben Gesetzen unterliege, wie die schon definierten Zahlen, und daß er diesem Gegenstande das Zeichen „1—1" geben werde. Mit dieser Erwartung würde man indessen dem Tiefsinne des Herrn Schubert in keiner Weise gerecht werden. In der Tat geht dieser ganz

---

[4] Hierzu dürfte die Bemerkung nicht überflüssig sein, daß bisher weder die Zahl 1, noch die Zahl 2, noch sonst irgendeine Zahl definiert worden ist.

anders vor, als man nach jener oberflächlichen Auffassung erwarten sollte. Nirgends wird ein solcher Gegenstand als vorhanden nachgewiesen; ein viel großartigeres Schauspiel ist uns vorbehalten: wir werden einer Neuschöpfung beiwohnen können. Und hier stehen wir nun an einem bedeutsamen Wendepunkte in der Würdigung unseres Prinzips der Nichtunterscheidung des Verschiedenen. Ich kann mir denken, daß mancher meiner Leser diesem Prinzipe bis jetzt noch zweifelnd und bedenklich gegenübersteht, ob es sich hier wirklich um ein Prinzip handle und nicht doch nur um eine ungenaue Ausdrucksweise. Und ich muß zugeben, daß diese Möglichkeit durch das Bisherige noch nicht ausgeschlossen ist. Nun aber nähern wir uns einem Standpunkte, von dem sich uns eine großartige Aussicht eröffnen wird, so daß wir die wahrhaft beherrschende Stellung unseres Prinzips erkennen werden. Doch dazu müssen wir etwas weiter ausholen.

Es ist bekannt, daß die Geometrie in ihren Beweisen nicht selten Hilfslinien benutzt. Warum nennt man eine Linie so? Weil der zu beweisende Satz nicht von ihr handelt, während sie doch im Beweise gebraucht wird. Ein solcher Beweis fiele in sich zusammen, wenn es Linien von der gewünschten Art überhaupt nicht gäbe. Euklid stützt sich in solchen Fällen auf seine Forderungssätze, die eigentlich nichts anderes sind als Axiome, die besagen, es gebe Gebilde — Punkte, Linien, Flächen — von einer gewissen Beschaffenheit. So sagt der Forderungssatz, von jedem Punkte nach einem anderen eine gerade Linie zu ziehen, es gebe für je zwei Punkte eine sie verbindende gerade Linie. Wenn wir eine Linie ziehen, so richten wir unsere Aufmerksamkeit auf sie, die eigentlich schon da ist. Die objektive Möglichkeit, eine Linie zu ziehen, ist eigentlich dasselbe wie das objektive Dasein dieser Linie. Wenn jemand, ohne vorher bewiesen zu haben, daß die Punkte A, B, C in einer Geraden liegen, die Redeweise gebrauchte „die durch die Punkte A, B und C gehende Gerade" und sich ihrer bei einem Beweise bediente, so wäre das eine unwürdige Spiegelfechterei. Nun kommt der Fall, daß man im Beweise etwas braucht, von dem der Satz nicht handelt, nicht nur in der Geometrie vor, sondern ebensogut in der Arithmetik; ja man wird wohl in allen Zweigen der Mathematik Beispiele dazu finden können. Wenn man mit dem Moivreschen Satze den Kosinus des m-fachen von Θ durch die Potenzen des Kosinus und des Sinus von Θ ausdrückt, so bedient man sich dabei einer Quadratwurzel aus -1 als Hilfszahl, und der Beweis fiele in sich zusammen, wenn es nichts gäbe, was, mit sich selbst multipliziert, -1 ergäbe. In der Zahlentheorie beweist man manche Sätze, indem man dabei eine primitive Wurzel als Hilfszahl gebraucht. Gäbe es keine Zahl dieser Eigenschaft, so wäre ein solcher Beweis eine logische Taschenspielerei. Deshalb hat Gauß[5] den Beweis für nötig gehalten, daß es primitive Wurzeln gebe. In der Analysis kommt es vor, daß man zu einem Beweise eine positive Zahl braucht, deren Doppeltes kleiner sein soll als eine gewisse positive Zahl. Auch die Null wird nicht selten als Hilfszahl vorkommen, wenn z. B. im Laufe des Beweises eine Gleichung hingeschrieben wird, auf deren rechter Seite das Nullzeichen allein steht, während im zu beweisenden Satze von der Null nicht die Rede ist. Gäbe es nun nichts, was die Eigenschaften hätte, die wir der Null zuschreiben, und von denen wir in unserer Rechnung Gebrauch machen, so fiele ein solcher Beweis in sich zusammen. So sind wir in der Verlegenheit, nachweisen zu müssen, es gebe etwas von diesen Eigenschaften. Und in ähnliche Verlegenheiten können wir betreffs der negativen Zahlen, der Brüche, der Irrationalzahlen und der komplexen Zahlen geraten. Wenn uns nun nicht gelänge, zu beweisen, es gäbe solche Zahlen, so fiele ein Teil der Arithmetik weg, und es ist schwer, dessen Ausdehnung abzuschätzen; daß er aber nicht unbedeutend wäre, läßt sich vermuten. Es wäre nun nicht erwünscht, sich bei dem erforderlichen Nachweise auf Geometrie stützen zu müssen, weil man damit in die Arithmetik Beweisgründe einführte, die ihr fremdartig zu sein scheinen. Jenen Nachweis aber rein arithmetisch zu führen, scheint zunächst sehr schwierig. Hier tritt nun unser Prinzip der Nichtunterscheidung des Verschiedenen rettend ein, woraus seine ungeheure Tragweite unschwer zu erkennen ist. In der Tat! was bliebe ohne seine Hilfe von der Arithmetik übrig? Gerade die schönsten Teile wären wohl dem Verderben geweiht. Also weit davon entfernt, nichts als eine ungenaue Redeweise zu sein, ist es vielmehr der Träger der herrlichsten arithmetischen Lehren. Aber wie leistet es dies? Dadurch, daß es alle die Zahlen schaffen hilft, die als Hilfszahlen bei Beweisen einmal gebraucht werden können. In welcher Weise geht diese Schöpfung vor sich? Wir werden versuchen, es bei der Null zu belauschen.

Da das Prinzip der Permanenz bei der Nullschöpfung wichtig zu sein scheint, wollen wir es zunächst noch weiter kennenlernen. Es besteht nach Herrn Schubert

zweitens darin, eine solche Verknüpfung als Zahl im erweiterten Sinne des Wortes zu definieren und dadurch den Begriff der Zahl zu erweitern.

---

[5] Wäre ihm das Prinzip der Nichtunterscheidung des Verschiedenen so vertraut gewesen wie manchen neueren Mathematikern, so hätte er es wohl bequemer gehabt.

Früher herrschte wohl die Meinung, und sie hat vielleicht noch jetzt vereinzelte Anhänger, daß eine Erweiterung eines schon definierten Begriffes unstatthaft sei, weil dadurch die erste Definition wieder umgestoßen und dasselbe Wort in verschiedener Bedeutung gebraucht werde, wodurch eine *Quaternio terminorum* entstehen könne. Diese Bedenken sind jedoch von der Wissenschaft längst als unerheblich und als schädliches Hemmnis erkannt worden. Es ist vielmehr ganz bequem, daß die Begrenzung des Zahlbegriffes ins Schwanken geraten ist, so daß man sie nach dem gerade gefühlten Bedürfnisse bald etwas zusammenziehen, bald ausweiten kann.

Das Prinzip der Permanenz soll nun drittens darin bestehen,

zu beweisen, daß für die Zahlen im erweiterten Sinne dieselben Sätze gelten, wie für die Zahlen im noch nicht erweiterten Sinne.

Man kann hier zunächst fragen: Ist es sicher, daß dieser Beweis immer gelingt? Und wie wird es, wenn er nun nicht gelingt? Wir werden darüber ins reine kommen, wenn wir das Verhältnis betrachten, in dem dieser dritte Bestandteil des Prinzips der Permanenz zu dem ersten steht, nämlich einer Zeichen-Verknüpfung einen solchen Sinn zu erteilen, daß sie nach denselben Regeln behandelt werden darf, als stellte sie eine der bis dahin definierten Zahlen dar. Ein Leser, der sich mit dem Prinzip der Nichtunterscheidung des Verschiedenen noch nicht genügend vertraut gemacht hat, könnte hier Anstoß nehmen und etwa sagen:

„Zwar sind, genau genommen, einzelne Zahlen bisher nicht definiert worden, wohl aber ist ein Zahlbegriff aufgestellt, und zwar derart, daß die unter diesen Begriff fallenden Zahlen, sofern es solche gibt, nicht Zeichen oder Zeichen-Verknüpfungen sind. Nun wird nach dem zweiten Bestandteile des Prinzips der Permanenz der Begriff der Zahl so erweitert, daß gewisse Zeichen-Verknüpfungen unter diesen Begriff fallen. Demnach gibt es nun Zahlen, die Zeichen-Verknüpfungen sind und solche, die es nicht sind. Zu diesen gehört z. B. die Zahl Eins, von der Herr Schubert spricht, wiewohl er sie nicht definiert hat. Diese Zahl Eins ist weder ein Zeichen noch eine Zeichen-Verknüpfung; aber ihr Zeichen „1" kann Bestandteil einer Zeichen-Verknüpfung („1—1") werden, die eine Zahl ist. Solchen Zeichen-Verknüpfungen ist nun ein Sinn derart erteilt worden, daß sie nach denselben Regeln behandelt werden dürfen, als stellten sie eine der früher definierten Zahlen dar. Hieraus folgt nun unmittelbar, daß die Regeln, nach denen diese neuen Zahlen zu behandeln sind, mit den Regeln für die Zeichen der Zahlen im nicht erweiterten Sinne übereinstimmen; aber diese Regeln sind nicht Gesetze, die von diesen Zahlen gelten, sondern nur das, was im Gebiete der Zeichen jenen Gesetzen entspricht. Es folgt also nicht, daß dieselben Sätze für die Zahlen im nicht erweiterten und für die im erweiterten Sinne gelten, sondern nur, daß die neuen Zahlen und die Zeichen der alten Zahlen nach denselben Regeln zu behandeln sind."

Der Fehler in dieser Darlegung ist offenbar: man unterscheidet die Zeichen von dem, was sie bezeichnen, und daraus folgt dann, daß man auch die Regeln, die bei der Behandlung der Zeichen zu beachten sind, von den Gesetzen unterscheidet, die von dem Bezeichneten gelten. Das ist nach unserem Prinzip der Nichtunterscheidung des Verschiedenen verkehrt. Vielmehr ist weder **das** Bezeichnete von seinem Zeichen, noch auch sind die Gesetze **des** Bezeichneten von den Regeln für die Handhabung der Zeichen zu unterscheiden. Wenn man sich dies nur hinreichend klargemacht hat, so sieht man, daß der dritte Bestandteil des Prinzips der Permanenz eigentlich mit dem ersten zugleich erreicht ist. Es handelt sich nur um eine Probe, ob das, was der erste Bestandteil erfordert, wirklich geleistet ist.

Viertens besteht nach unserem Schriftsteller das Prinzip der Permanenz darin,

> *zu definieren, was im erweiterten Zahlengebiet gleich, größer und kleiner heißt.*

Zunächst kann es scheinen, daß man dies schon wissen müsse, bevor man von den Zahlen im erweiterten Gebiete dieselben Sätze beweisen könne, die für die Zahlen im noch nicht erweiterten Gebiete gelten, da diese Sätze wahrscheinlich die Worte „gleich", „größer" oder „kleiner" enthalten. Ohne deren Sinn zu kennen, wisse man auch nicht, welche Gedanken in den Sätzen enthalten seien, und könne mithin diese Gedanken auch nicht als wahr erweisen. Dagegen ist zunächst zu sagen, daß es noch sehr zweifelhaft ist, ob man nicht Sätze beweisen könne, deren Gedankeninhalt unbekannt sei, und ob überhaupt ein solcher Inhalt beim Beweise als vorhanden vorausgesetzt werden müsse. Vielmehr ist es wahrscheinlich, daß auf diesen Inhalt kein besonderes Gewicht zu legen ist, daß die Hauptsache die Form des Ausdruckes ist, sei es nun in Worten, sei es in arithmetischen Zeichen. Dazu führt folgende Überlegung: Es ist bekannt, daß die Mathematiker in dem Sinne keineswegs übereinstimmen, in dem sie das Wort „gleich" gebrauchen. Es ist ferner bekannt, daß dieses

Wort oder das entsprechende Zeichen fast in allen arithmetischen Sätzen vorkommt. Wenn nun der Gedankeninhalt dieser Sätze irgendeine Wichtigkeit für deren Beweise oder sonst hätte, so wäre es die dringendste Aufgabe der Mathematiker, sich über den Sinn des Wortes „gleich" zu verständigen. Aber das Gegenteil wird allgemein angenommen: man kann wohl sagen, daß jede andere Aufgabe für dringlicher gehalten wird als diese. Obwohl es bekannt ist, daß in der Mathematik hinsichtlich des dem Worte „gleich" beizulegenden Sinnes keine Übereinstimmung herrscht, halten es doch viele Schriftsteller nicht für nötig, sich darüber auszusprechen, welchen Sinn sie damit verbinden wollen, woraus zu ersehen ist, daß dieser durchaus nebensächlich ist. Ich begreife darum auch nicht recht, warum unser Schriftsteller in seiner Anmerkung 19 dieser Sache immerhin einiges Gewicht beilegt. Freilich tut er das auch mehr theoretisch als bei der wirklichen Ausführung. Ich habe wenigstens nicht gefunden, daß er irgendwo ausdrücklich angibt, welcher Sinn dem Gleichheitszeichen in einer Gleichung wie

$$\text{„}1 - 1 = 2 - 2\text{"}$$

beizulegen sei. Wir kommen immer wieder darauf zurück, daß man sich hüten muß, das Denken zu überschätzen, was wohl immer noch vielfach geschieht.

Wir gehen nun zur Anwendung auf unseren Fall über. Man würde irren in der Annahme, daß die vier Bestandteile des Prinzips der Permanenz nun nacheinander in der Ordnung, in der sie aufgeführt worden sind, angewandt werden würden. Vielmehr muß man annehmen, daß diese vier Bestandteile untrennbar miteinander verbunden auftreten. Herr Schubert fährt fort:

> „Demgemäß wird die Zeichen-Verknüpfung $a - a$ den beiden Grundgesetzen der Addition und der Definitionsformel der Subtraktion unterworfen, wodurch erzielt wird, daß die Formeln von Nr. 4 auch für die Zeichen-Verknüpfung $a - a$ gelten müssen."

Nach dem, was oben im allgemeinen über die aus dem Prinzipe der Nichtunterscheidung des Verschiedenen fließenden Folgen gesagt worden, wird man ohne weiteres verstehen, wie eine Zeichen-Verknüpfung den beiden Grundgesetzen der Addition unterworfen werden kann, und wie Formeln von einer Zeichen-Verknüpfung gelten können, die ein Bestandteil von ihnen ist. Aber man konnte vielleicht etwas anderes erwarten, nämlich daß Herr Schubert zunächst einen Sinn für eine der hier betrachteten

Zeichen-Verknüpfungen angeben und aus diesem sodann die Regeln entwickeln würde, nach denen eine solche Zeichen-Verknüpfung zu behandeln wäre, daß er dann endlich auf die vollständige Übereinstimmung dieser Regeln mit denen hinweisen würde, die über die Handhabung der ursprünglichen Zahlzeichen aufgestellt sind. Nichts von dem sehen wir hier; sondern die Sache ist offenbar so, daß mit einer und derselben Handlung, mit der die Zeichen-Verknüpfung $a—a$ den Grundgesetzen der Addition und der Definitionsformel der Subtraktion unterworfen wird, ihr auch ein Sinn gegeben wird derart, daß sie nun nach denselben Regeln behandelt werden darf, als stellte sie eine der bis dahin definierten Zahlen dar. Vielleicht ist es nicht überflüssig, zu zeigen, wie das Prinzip der Nichtunterscheidung des Verschiedenen sich hier als schöpferisch erweist. Die Zeichen-Verknüpfung $a—a$ ist da, wovon sich jeder durch den Augenschein überzeugen kann; nun ist nach unserem Prinzipe zwischen ihr und dem, was sie bezeichnet, nicht zu unterscheiden; folglich ist das, was sie bezeichnet, gleichfalls da. So entwickelt sich nach unserem Prinzipe aus dem Zeichen ganz von selbst seine Bedeutung. So haben wir denn eine Schöpfungstat vollbracht, und wir können nicht zweifeln, daß von dem Geschaffenen ganz dieselben Sätze gelten, wie von den Zahlen im noch nicht erweiterten Sinne; nur dürfen wir nicht verlangen, daß diese Sätze einen Sinn haben, einen Gedanken ausdrücken. Darauf kommt es nicht an.

Herr Schubert fährt fort:

„Durch Anwendung der Formel $a—b = (a—n) — (b—n)$ auf $a—a$ erkennt man dann, daß alle Differenzformen, bei denen der Minuendus gleich dem Subtrahendus ist, einander gleichzusetzen sind."

Hierbei ist zu bemerken, daß eine ausdrückliche Definition dessen, was im erweiterten Zahlengebiete „gleich" heiße, nicht gegeben ist. Wir sehen aber auch an diesem Beispiele, daß dies ganz unnötig ist, daß man einen Satz über Gleichheit ganz wohl beweisen kann, ohne mit dem Worte „gleich" oder dem Gleichheitszeichen einen Sinn zu verbinden. Wie schon bemerkt, ist es auch ganz unnötig, daß ein zu beweisender Satz irgendeinen Gedanken ausdrückt. Sollte aber doch jemand einen brennenden Durst nach einem Sinne haben, so kann auch dem geholfen werden. Offenbar definiert dieselbe Handlung, durch die erstens der Differenzform $a—a$ ein Sinn erteilt wird, durch die zweitens bewiesen wird, daß für die Zahlen im erweiterten Sinne dieselben

Sätze gelten, wie für die Zahlen im noch nicht erweiterten Sinne, auch drittens, was im erweiterten Zahlengebiete „gleich" heißt. Dieselbe Handlung, die die Zeichenverknüpfung $a-a$ den beiden Grundgesetzen der Addition und der Definitionsformel der Subtraktion unterwirft, enthält also gewissermaßen in sich einen Beweis und zwei Definitionen; ja, noch mehr: sie enthält zugleich viertens eine Definition dessen, was das Pluszeichen, und dessen, was das Minuszeichen im erweiterten Zahlengebiete zu bedeuten hat. Wir lernen hiermit eine neue Stärke der Schubertschen Lehre kennen, die ich ihre Prägnanz nennen möchte, ihre Fähigkeit, viele Fliegen mit einem Schlage zu treffen.

Herr Schubert fährt fort:

„Dies berechtigt dazu, für alle diese einander gleichen Zeichen-Verknüpfungen ein gemeinsames festes Zeichen einzuführen. Es ist dies das Zeichen 0 (null)."

In früheren Zeiten hätte man hiergegen gewiß das Bedenken gehabt, daß hiermit das Zeichen 0 vieldeutig gemacht sei, da es offensichtlich verschiedene Differenzformen wie $2-2$, $3-3$, $(4-2)-(5-3)$ zugleich bedeuten solle. Das Schubertsche Vorgehen ist selbstverständlich nicht so zu verteidigen, daß man sagt, diese so augenscheinlich verschiedenen Differenzformen seien gar nicht verschieden, sondern fielen zusammen, was Herr Schubert eben bewiesen habe. Damit faßte man ja das Gleichheitszeichen als Identitätszeichen auf, was ganz verkehrt ist[6]. Es wäre ja auch selbst einem starken Glauben zu viel zugemutet, der offenbaren Sinneserfahrung zum Trotze Dinge für zusammenfallend zu halten, deren Verschiedenheit selbst einem ungeübten Auge leicht erkennbar ist. Folgender Ausweg scheint ebensowenig gangbar zu sein, wenn man nämlich die Schubertsche Äußerung so verstände, daß das Zeichen 0 nicht die verschiedenen Differenzformen bezeichnen, sondern an deren Stelle gebraucht werden sollte. Dann bedeutete es das, was diese bedeuten. Wenn wir nun nach unserem Prinzipe der Nichtunterscheidung des Verschiedenen statt der Bedeutung der Differenzformen diese selbst setzen, so kommen wir wieder auf unsere erste Auffassung zurück, daß nämlich das Zeichen 0 jene Differenzformen bedeutet. Auch hier müßten wir das Gleichheitszeichen als Identitätszeichen nehmen, wenn wir die Vieldeutigkeit vermeiden wollten. Die Gleichung $1-1=2-2$ kann nicht besagen,

---

[6] Leider scheint Herr R. Dedekind — von untergeordneteren Geistern ganz zu schweigen — noch immer an dieser seltsamen Auffassung festzuhalten.

daß die Bedeutung der links vom Gleichheitszeichen stehenden Differenzform mit der Bedeutung der rechts stehenden zusammenfalle; denn damit wäre das Gleichheitszeichen wieder als Identitätszeichen gebraucht, was, wie gesagt, falsch ist. Aus dem Prinzipe der Nichtunterscheidung des Verschiedenen ist vielmehr mit Sicherheit zu schließen, daß jene Bedeutungen verschieden sind, da die Differenzformen selbst, wie jeder sieht, verschieden sind. Die wahre Rechtfertigung des Schubertschen Verfahrens ist folgende: Der Grundsatz der Eindeutigkeit der Zeichen ist überhaupt aufzugeben, weil gar kein vernünftiger Grund für ihn anzuführen ist, und weil seine Befolgung den Fortschritt der Wissenschaft nur unnötig hemmen würde. Die Zeichenverknüpfung $\frac{0}{0}$ ist ja längst in die Wissenschaft als vieldeutig eingeführt und leistet als solche ausgezeichnete Dienste.

Herr Schubert schreibt weiter:

„Man nennt ferner das, was dieses Zeichen aussagt, eine ‚Zahl‘, die man auch Null nennt."

Das Wort „aussagen" ist hier wohl im Sinne von „bedeuten" gebraucht. Dann ist das, was ein Zeichen aussagt, die Bedeutung dieses Zeichens. Daß man die Bedeutung des Zeichens 0 ebenso wie dieses Null nennt, ist eine unmittelbare Folge unseres Prinzips der Nichtunterscheidung des Verschiedenen. Man kann also ganz nach Belieben sowohl das Zeichen 0, als auch seine Bedeutungen — denn es hat mehrere — Zahl nennen, wodurch, wie Herr Schubert sagt, der Begriff der Zahl eine Erweiterung erfährt.

Wer sich an der Hand des bei der Schöpfung der Null Gesagten in den Geist dieser Methode hineingelebt und die sich zunächst aufdrängenden Bedenken überwunden hat, dem wird die Schöpfung der negativen Zahlen nun keine Schwierigkeiten mehr machen, der versteht ohne weiteres, wie Zahlen mit Vorzeichen versehen sein können, und wie Zahlen, die durch Zählen entstanden sind, auch durch Weglassung des Vorzeichens aus relativen Zahlen entstehen können. Daß ein und derselbe Gegenstand mehrmals und in verschiedener Weise entstehen kann, ist ja leicht verständlich. Es wird daher nicht nötig sein, darauf näher einzugehen.

Bei der Multiplikation lernen wir noch eine interessante Eigentümlichkeit der Zahlen kennen. Wir erfahren nämlich, daß viele Summanden eine und dieselbe Zahl darstellen können. Die Summanden sind, wie wir wissen, selbst Zahlen; also können viele Zahlen eine und dieselbe Zahl darstellen[7]. Dies ist nicht zu verwundern, da schon viele Schauspielerinnen, die ja Menschen sind, einen und denselben Menschen, z. B. Maria Stuart, dargestellt haben. Ebenso wird man auch annehmen dürfen, daß eine und dieselbe Zahl viele andere darstellen kann, wie ja auch eine Schauspielerin in verschiedenen Rollen auftreten wird. Wenn nun später (in Anm. 22) gesagt wird, L. Kronecker habe ausgeführt, daß die negativen und gebrochenen Zahlen nur Symbole seien, so soll damit offenbar diesen Symbolen die Kraft, etwas darzustellen, nicht abgesprochen werden; vielmehr können sie in mannigfacher Weise sowohl Zahlen darstellen, als auch selbst wieder von Zahlen dargestellt werden, wie sie ja auch selbst Zahlen sind. Übrigens hängen diese histrionalen Fähigkeiten der Zahlen höchstwahrscheinlich mit unserem Prinzipe der Nichtunterscheidung des Verschiedenen aufs engste zusammen. Doch sind darüber meine Untersuchungen noch nicht abgeschlossen.

Zum Schlusse möchte ich noch ein Bedenken zur Sprache bringen, in der Hoffnung, daß Herr Schubert gelegentlich einmal darauf eingehen werde, da es mir bisher noch nicht gelungen ist, darüber ganz ins Klare zu kommen. Es soll nach dem dritten Bestandteile des Prinzips der Permanenz bewiesen werden, daß für die Zahlen im erweiterten Sinne dieselben Sätze gelten, wie für die Zahlen im noch nicht erweiterten Sinne. Nun wird diese allgemeinere Geltung der Sätze aber vielfach bezweifelt. Von den Sätzen z. B., daß die Summe von zwei Zahlen größer ist als jede von diesen, und daß von zwei Produkten mit demselben Multiplikanden dasjenige mit dem größeren Multiplikator das größere ist, meint man gewöhnlich, daß sie nur im nicht erweiterten Gebiete gelten. Wenn diese Meinung begründet wäre, und zunächst hat sie immerhin eine gewisse Wahrscheinlichkeit für sich, so käme man in die unangenehme Lage, etwas beweisen zu müssen, was nicht wahr ist. Sollte es sich da nicht empfehlen, der Zeichen-Verknüpfung $a—a$ einen solchen Sinn zu geben, daß sie auch in dieser Hinsicht ganz so zu behandeln wäre, als stellte sie eine der bis dahin definierten Zahlen dar? Es wäre doch nicht schön, wenn das Prinzip der Ausnahmslosigkeit Ausnahmen zuließe. Oder wittert vielleicht jemand hier eine logische Unmöglichkeit? Aber was ist bei unseren Prinzipien unmöglich! Die Sätze, die von den ursprünglichen Zahlen gelten, und demgemäß die Regeln, nach denen ihre Zeichen zu behandeln sind — das kommt ja nach unserem viel genannten Prinzipe auf dasselbe hinaus —

---

[7] Auch das Produkt ist eine Zahl. Diese Zahl kann eine sinnlose Zeichen-Verknüpfung darstellen (S. 15).

werden hinsichtlich dieser Zahlen bewiesen, schließen mithin bei diesen keinen Widerspruch ein. Daraus folgt aber, daß sie überhaupt keinen Widerspruch einschließen. Die Zahlzeichen[8] sind ja nur die den Regeln leidend unterworfenen Dinge; ob sie nun so aussehen oder etwas anders, kann nichts ausmachen. Ich erinnere an zwei Schachspiele mit etwas verschieden aussehenden Bauernfiguren. Wenn die Regeln hinsichtlich eines der Spiele widerspruchsfrei sind, werden sie es auch hinsichtlich des anderen sein. Man kann offenbar irgendein Zeichen oder eine beliebige Zeichen-Verknüpfung solchen Regeln oder Gesetzen unterwerfen, von denen man schon weiß, daß sie miteinander im Einklange stehen. Dazu kommt noch folgendes. Wenn dem Prinzipe der Permanenz oder der Ausnahmslosigkeit irgendwelche Schranken gesetzt wären, wenn bei seiner Anwendung irgendwelche Vorsicht erfordert würde, so hätte Herr Schubert sicher nicht unterlassen, darauf hinzuweisen, und hätte in jedem Falle der Anwendung gezeigt, daß er sich innerhalb der Schranken hielte, die der Anwendung gezogen wären. Da das nicht der Fall ist, dürfen wir wohl sicher sein, daß solche Schranken nicht vorhanden sind, und daß ein besonderer Nachweis des Erfülltseins gewisser Bedingungen unnötig ist. Demnach steht wohl nichts im Wege, der Zeichen-Verknüpfung $a—a$ einen solchen Sinn zu verleihen, daß sie ganz nach denselben Regeln behandelt werden darf, als stellte sie eine der bis dahin definierten Zahlen dar. Dann ist der Beweis auch leicht, daß von den Zahlen im erweiterten Sinne ausnahmslos dieselben Sätze gelten, wie für die Zahlen im noch nicht erweiterten Sinne; denn die Gesetze, die von den Zahlen gelten, sind ja von den Regeln, nach denen ihre Zeichen zu behandeln sind, unserem Prinzipe nach nicht zu unterscheiden. Es werden dann auch im erweiterten Zahlengebiete die vorhin beispielsweise erwähnten Sätze gelten, und so wird eine viel größere Harmonie in die Mathematik einziehen.

Was mich hindert, mich der Freude darüber voll hinzugeben, ist die Befürchtung, es möchte dann die Vieldeutigkeit der Zeichenverknüpfung 0:0 verlorengehen, was doch bedauerlich wäre und überdies einem klaren Ausspruche des Herrn Schubert (S. 17) widerspräche. Vielleicht knüpften sich daran auch Folgerungen, deren Tragweite sich noch nicht übersehen läßt.

Über diese Probleme helles Licht zu verbreiten, dürfte niemand mehr berufen sein als Herr Schubert. Möge er die Wissenschaft bald aus diesen Zweifeln reißen!

---

[8] Man kann dafür auch sagen: „die Zahlen".

DIE WICHTIGSTEN
ENTSPRECHENDEN AUSFÜHRUNGEN
FREGES IN ANDEREN SCHRIFTEN

1. Zu „Der Gedanke", „Die Verneinung" und „Gedankengefüge":

‚Logik', in: G. Frege, *Nachgelassene Schriften*, Bd. I, hrsg. v. H. Hermes, F. Kambartel und F. Kaulbach, Hamburg 1969, S. 1—8.

‚Logik', in: G. Frege, *Nachgelassene Schriften*, Bd. I, S. 137—163; auch in: G. Frege, *Schriften zur Logik und Sprachphilosophie*, hrsg. v. G. Gabriel, Hamburg 1971, S. 35—73.

[‚17 Kernsätze zur Logik'], in: G. Frege, *Nachgelassene Schriften*, Bd. I, S. 189f.; auch in: G. Frege, *Schriften zur Logik und Sprachphilosophie*, S. 23f.

‚Einleitung in die Logik', in: G. Frege, *Nachgelassene Schriften*, Bd. I, S. 201—212; auch in: G. Frege, *Schriften zur Logik und Sprachphilosophie*, S. 74—91.

‚Kurze Übersicht meiner logischen Lehren', in: G. Frege, Nachgelassene Schriften, Bd. I, S. 213—218.

‚Meine grundlegenden logischen Einsichten', in: G. Frege, *Nachgelassene Schriften*, Bd. I, S. 271f.

[Aufzeichnungen für Ludwig Darmstaedter], in: G. Frege, *Nachgelassene Schriften*, Bd. I, S. 273—277.

Logische Allgemeinheit, in: G. Frege, *Nachgelassene Schriften*, Bd. I, S. 278—281; auch in: G. Frege, *Schriften zur Logik und Sprachphilosophie*, S. 166—171.

2. Zu „Kritische Beleuchtung einiger Punkte in E. Schröders Vorlesungen über die Algebra der Logik":

[Ausführungen über Sinn und Bedeutung], in: G. Frege, *Nachgelassene Schriften*, Bd. I, S. 128—136, bes. S. 134f.; auch in: G. Frege, *Schriften zur Logik und Sprachphilosophie*, S. 25—34.

Anmerkungen Freges zu: P. E. B. Jourdain, The Development of the Theories of Mathematical Logic and the Principles of Mathematics, Quarterly Journal of Pure and Applied Mathematics, Bd. 43, 1912, S. 237—269; auch in: G. Frege, *Kleine Schriften*, hrsg. v. I. Angelelli, Darmstadt 1967, S. 334—341.

AUSGEWÄHLTE LITERATUR

A. *Allgemeine Bibliographien*

1. *Gabriel, Gottfried* (Hrsg.): Gottlob Frege. Schriften zur Logik und Sprachphilosophie, Hamburg 1971, 187—215.
2. *Schirn, Matthias* (Hrsg.): Studien zu Frege I—III, Stuttgart-Bad Cannstatt 1976, Bd. III, 157—197.

B. *Zur Einführung:*

3. *Passmore, John:* A Hundred Years of Philosophy. London 1957, 1967², 149—157.
4. *Kneale, William C.:* 'Gottlob Frege and Mathematical Logic', in: Revolution in Philosophy, ed. G. Ryle. London 1960, 26—40.
5. *Geach, Peter Thomas:* 'Gotlob Frege', in: G. E. M. Anscombe and P. T. Geach, Three Philosophers: Aristotle, Aquinas, Frege. Oxford 1961, 127—162.
6. *Kneale, William C.:* 'Frege's General Logic', in: W. Kneale and M. Kneale. The Development of Logic. Oxford 1962, 478—512.
7. *Thiel, Christian:* Sinn und Bedeutung in der Logik Gottlob Freges. Monographien zur philosophischen Forschung, Bd. 43. Meisenheim/Glan 1965, VIII u. 172 S.
8. *Dummett, Michael:* 'Gottlob Frege', in: The Encyclopedia of Philosophy, ed. Paul Edwards u. a. New York, London 1967, Bd. III, 225—237.
9. *Klemke, E. D.* (Hrsg.): Essays on Frege. Urbana, Chicago und London 1968, XIV, 586 S.
10. *Largeault, Jean:* Logique et philosophie chez Frege. Paris-Louvain 1970, XXVII, 486 S.
11. *Patzig, Günther:* 'Gottlob Frege und die logische Analyse der Sprache', in: G. Patzig: Sprache und Logik. Göttingen 1970, 77—100.
12. *Dummett, Michael:* Frege. Philosophy of Language, Worcester-London 1973, 2. Aufl. 1981, 708 S.
13. *Bell David:* Frege's Theory of Judgement, Oxford 1979, 165 S.
14. *Sluga, Hans:* Gottlob Frege, London-Boston 1980, 203 S.
15. *Dummett, Michael:* The Interpretation of Frege's Philosophy, Worcester-London 1981, 621 S.
16. *Carl, Wolfgang:* Sinn und Bedeutung. Studien zu Frege und Wittgenstein, Königstein 1982, 233 S.

C. *Spezielle Abhandlungen zum Bereich der Themen dieses Bandes:*

17. *Krenz, Editha:* Der Zahlbegriff bei Frege. Diss., Wien 1942, 116 S.
18. *Wienpahl, Paul D.:* ‚Frege's „Sinn und Bedeutung"'. Mind 59, 1950, 483—494. Abgedr. in (8), 203—218.

19. *Bierich, Marcus:* Freges Lehre von dem Sinn und der Bedeutung der Urteile und Russells Kritik an dieser Lehre. Diss., Masch.-Schr., Hamburg 1951.
20. *Marshall, William:* 'Frege's Theory of Functions and Objects'. The Philosophical Review 62, 1953, 374—390. Abgedr. in (8), 249—267.
21. *Geach, Peter Thomas:* 'Class and Concept'. The Philosophical Review 64, 1955. Abgedr. in (8), 284—294.
22. *Marshall, William:* 'Sense and Reference: A Reply'. The Philosophical Review 65, 1956, 342—361. Abgedr. in (8), 298—320.
23. *Khatchadourian, Haig:* 'Frege on Concepts'. Theoria 22, 1956, 85—100.
24. *Searle, John R.:* 'Russell's Objections to Frege's Theory of Sense and Reference'. Analysis 18, 1957/58, 137—143. Abgedr. in (8), 337—345.
25. *Kauppi, R.:* Über Sinn, Bedeutung und Wahrheitswert der Sätze. Acta Academiae Paedagogicae Jyväkyläensis 17, 1959, 205—213.
26. *Jackson, Howard:* Frege's Ontology. The Philosophical Review 69, 1960, 394—395. Abgedr. in (8), 77—78.
27. *Grossmann, Reinhardt:* Frege's Ontology. The Philosophical Review 70, 1961, 23—40. Abgedr. in (8), 79—98, und in: Edwin B. Allaire u. a.: Essays in Ontology. Iowa City, The Hague, 1963, 106—120.
28. *Caton, Charles E.:* An Apparent Difficulty in Frege's Ontology. The Philosophical Review 71, 1962, 462—475. Abgedr. in: (8), 99—112.
29. *Fisk, Milton:* A Paradox in Frege's Semantics. Philosophical Studies 14, 1963, 56—63. Abgedr. in (8), 382—390.
30. *Martin, R. M.:* On the Frege-Church Theory of Meaning. Philosophy and Phenomenological Research 23, 1963, 605—609.
31. *Rivetti Barbò, Francesca:* Sense, Denotation, and the Context of Sentences, in: Contributions to Logic and Methodology in Honor of J. M. Bocheński, hrsg. v. A.-T. Tymieniecka, Amsterdam 1965, 208—242.
32. *Resnik, Michael David:* Frege's Theory of Incomplete Entities. Philosophy of Science 32, 1965, 329—341.
33. *Parsons, Charles D.:* Frege's Theory of Number, in: Philosophy in America, ed. by M. Black, London 1965, 180—203.
34. *Angelelli, Ignacio:* On Identity and Interchangeability in Leibniz and Frege. Notre Dame Journal of Formal Logic 8, 1967, 94—100.
35. *Linsky, Leonard:* Referring. London, New York 1967, Kap. III: Sense and Reference, 22—38 und Anhang, 39—48.
36. *Martin, R. M.:* On Proper Names and Frege's Darstellungsweise. The Monist 51, 1967, 1—8.
37. *Schorr, Karl Eberhard:* Der Begriff bei Kant und Frege. Kantstudien 58, 1967, 227—246.
38. *Gram, Moltke S.:* Frege, Concepts and Ontology, in: (8), 1968, 178—199.
39. *Berka, Karel* und *Lothar Kreiser:* Eine grundsätzliche Erweiterung der Semantik G. Freges. Deutsche Zeitschrift für Philosophie 16, 1968, 1228—1239.

40. *Klemke, E. D.:* Frege's Ontology: Realism, in: (8), 1968, 157—177.
41. *Suter, Ronald:* Frege and Russell on the "Paradox of Identity". Proceedings of the Seventh Inter-American Congress of Philosophy 1967, Bd. II, Québec 1968, 30—36.
42. *Dudman, V. H.:* A Note on Frege on Sense. The Australasian Journal of Philosophy 47, 1969, 119—122.
43. *Ders.:* Frege's Judgement-Stroke. The Philosophical Quarterly 20, 1970, 150—162.
44. *Gabriel, Gottfried:* G. Frege über semantische Eigenschaften der Dichtung. Linguistische Berichte, Heft 8, Jg. 1970, 10—17.
45. *Tugendhat, Ernst:* The Meaning of "Bedeutung" in Frege. Analysis 30. 1970, 177—189.
46. *Welding, S. O.:* Frege's Sense and Reference Related to Russell's Theory of Definite Descriptions. Revue internationale de Philosophie 25, 1971, 389—402.
47. *Dudman, V. H.:* Frege on Assertion. The Philosophical Quarterly 22, 1972, 61—64.
48. *Hoche, Hans-Ulrich:* Kritische Bemerkungen zu Freges Bedeutungslehre. Zeitschrift für philosophische Forschung 27, 1973, 205—221.
49. *Fabian, Reinhard:* Sinn und Bedeutung von Namen und Sätzen. Eine Untersuchung zur Semantik Gottlob Freges. Diss. Graz, 1974.
50. *Stuhlmann-Laeisz, Rainer:* Freges Auseinandersetzung mit der Auffassung von „Existenz" als einem Prädikat der ersten Stufe und Kants Argumentation gegen den ontologischen Gottesbeweis, in: Christian Thiel (Hrsg.), Frege und die moderne Grundlagenforschung, Meisenheim/Glan, 1975, 119—133.
51. *Prauss, Gerold:* Freges Beitrag zur Erkenntnistheorie. Überlegungen zu seinem Aufsatz „Der Gedanke". Allgemeine Zeitschrift für Philosophie 1, 1976, 34—61.
52. *Sluga, Hans D.:* Frege's Alleged Realism. Inquiry 20, 1977, 227—242.
53. *Currie, Gregory:* Frege's Realism. Inquiry 21, 1978, 218—221.
54. *Dummett, Michael:* Was Frege a Philosopher of Language? Revue Internationale de Philosophie 33, 1979, 786—810-
55. *Hintikka, Jaakko:* Frege's Hidden Semantics. Revue Internationale de Philosophie 33, 1979, 716—722.
56. *Kitcher, Philip:* Frege's Epistemology. The Philosophical Review 88, 1979, 235—262.
57. *Vickers, John M.:* Definability and Logical Structure in Frege. Journal of the History of Philosophy 17, 1979, 291—308.
58. *Currie, Gregory:* Frege on Thoughts. Mind 89, 1980, 234—248.
59. *Hintikka, Jaakko:* Semantics: A Revolt Against Frege. In: G. Fløistad (Hrsg.): Contemporary Philosophy, The Hague 1981, 57—82.
60. *Eldridge, Richard:* Frege's Realist Theory of Knowledge. Review of Metaphysics 35, 1982, 483—508.
61. *Hodes, Harold T:* The Composition of Fregean Thoughts. Philosophical Studies 41, 1982, 161—178.

62. *Rein, Andrew:* A Note on Frege's Notion of „Wirklichkeit". Mind 91, 1982, 599—602.
63. *Currie, Gregory:* Interpreting Frege. A Reply to Michael Dummett. Inquiry 26, 1983, 345—358.
64. *Carruthers, Peter:* Eternal Thoughts. Philosophical Quarterly 34, 1984, 186—204.
65. *Currie, Gregory:* Frege on Thoughts. Mind 93, 1984, 256—258.
66. *Noonan, Harold:* Fregean Thoughts. Philosophical Quarterly 34, 1984, 205—224.

REGISTER

Günther Patzig · Sprache und Logik

2., durchgesehene und erweiterte Auflage 1981. II, 132 Seiten, kartoniert. Kleine Vandenhoeck-Reihe 1281

Inhalt: Vorworte zur zweiten und ersten Auflage / Sprache und Logik: Logik; Sprache und Logik; Verdeutlichung durch Kritik einer anderen Auffassung / Satz und Tatsache / Gottlob Frege und die logische Analyse der Sprache / Der Strukturalismus und seine Grenzen / Literaturhinweise / Namenverzeichnis

Günther Patzig · Die aristotelische Syllogistik

Logisch-philologische Untersuchungen über das Buch A der „Ersten Analytiken". 3., veränderte Auflage 1969. 217 Seiten, Leinen. Abhandlungen der Akademie der Wissenschaften in Göttingen, Phil.-Hist. Klasse III/42

"This is the best study available of Aristotle's syllogistic. It combines the insights that been gained into logical form through the development of modern logic with the traditional philological and philosophical understanding of the Aristotelian text ... Dr. Patzig has offered the detailed textual analysis needed to prove the point and, in doing so, has in many cases corrected and improved upon Lukasiewicz."

Otto Bird / Philosophical Studies

Günther Patzig · Ethik ohne Metaphysik

2., durchgesehene und erweiterte Auflage 1983. 174 Seiten, kartoniert. Kleine Vandenhoeck-Reihe 1326

Inhalt: Vorwort zur 2. Auflage / Moral und Recht / Die Begründbarkeit moralischer Forderungen / Relativismus und Objektivität moralischer Normen / Die logischen Formen praktischer Sätze in Kants Ethik / Ein Plädoyer für utilitaristische Grundsätze in der Ethik / Der kategorische Imperativ in der Ethik-Diskussion der Gegenwart / Namenverzeichnis / Nachweise

Günther Patzig · Der Unterschied zwischen subjektiven und objektiven Interessen und seine Bedeutung für die Ethik

1978. 25 Seiten, kartoniert. Veröffentlichung der Joachim Jungius-Gesellschaft der Wissenschaften 35

Vandenhoeck & Ruprecht · Göttingen und Zürich

Gottlob Frege · Funktion, Begriff, Bedeutung

Fünf logische Studien. Herausgegeben und eingeleitet von Günther Patzig. 5. Auflage 1980. 106 Seiten, kartoniert. Kleine Vandenhoeck-Reihe 1144

Inhalt: Funktion und Begriff / Über Sinn und Bedeutung / Über Begriff und Gegenstand / Was ist eine Funktion? / Über die wissenschaftliche Berechtigung einer Begriffsschrift / Die wichtigsten entsprechenden Ausführungen Freges in anderen Schriften / Ausgewählte Literatur / Register

„Es gibt gewisse Texte in der Philosophie, bei deren Studium der hinreichend vorbereitete Leser unwiderstehlich in die intellektuelle Bewegung, die man Philosophieren nennt, hereingezogen wird, und solche Texte dürfen mit Recht klassische philosophische Texte heißen. In diesem Sinne ist Frege ein Klassiker der Philosophie."   *Günther Patzig*

Josef Speck (Hg.) · Grundprobleme der großen Philosophen: Philosophie der Gegenwart I

Frege, Carnap, Wittgenstein, Popper, Russell, Whitehead. Mit einer Einführung „Die Sprache der Logik". 3., teilweise überarbeitete Auflage 1985. 354 Seiten, Kunststoff. UTB Uni-Taschenbücher 147

Mit Beiträgen von Christian Thiel, Wolfgang Stegmüller, Ulrich Steinvorth, J. W. N. Watkins, Wolfgang Carl, Michael Welker und Wilhelm K. Essler.

Eike von Savigny · Grundkurs im logischen Schließen

Übungen zum Selbststudium. 2., verbesserte Auflage 1984. 204 Seiten, kartoniert. Kleine Vandenhoeck-Reihe 1504

Das Buch geht von der Analyse vertrauter Begründungen in der Umgangssprache aus und führt in kleinen Schritten den Leser so weit, daß er das elementare Handwerkszeug der formalen Logik praktisch meistert. Mit Übungen, die den Lehrstoff abschnittsweise einführen, und Lösungen auf der folgenden Seite eignet der Kurs sich ebenso für das Selbststudium wie als Textgrundlage für Übungen.

Immanuel Kant · Was ist Aufklärung?

Aufsätze zur Geschichte und Philosophie. Herausgegeben von Jürgen Zehbe. 3. Auflage 1985. 146 Seiten, kartoniert. Kleine Vandenhoeck-Reihe 1258

Vandenhoeck & Ruprecht · Göttingen und Zürich